ACCESO GRATIS *a la Lectura en la Nube*

Para visualizar el libro electrónico en la nube de lectura envíe junto a su nombre y apellidos una fotografía del código de barras situado en la contraportada del libro y otra del ticket de compra a la dirección:

ebooktirant@tirant.com

En un máximo de 72 horas laborables le enviaremos el código de acceso con sus instrucciones.

La visualización del libro en **NUBE DE LECTURA** excluye los usos bibliotecarios y públicos que puedan poner el archivo electrónico a disposición de una comunidad de lectores. Se permite tan solo un uso individual y privado.

MEMORIA DE LAS VÍCTIMAS DEL TERRORISMO Y UNIVERSIDAD

Actas I Congreso de Innovación Docente

MEMORIA DE LAS VÍCTIMAS DEL TERRORISMO Y UNIVERSIDAD

Actas I Congreso de Innovación Docente

Director

Mariano Vivancos Comes

Autores

Lucía Aparicio Chofré
Alberto Baixauli Fernández
Paloma Durán y Lalaguna
Raúl López Romo
María Ruíz Dorado
Agata Serranò
Clara Souto Galván
Mariano Vivancos Comes

tirant lo blanch
Valencia, 2024

En caso de erratas y actualizaciones, la Editorial Tirant lo Blanch publicará la pertinente corrección en la página web www.tirant.com.

EDITA: TIRANT LO BLANCH
C/ Artes Gráficas, 14 - 46010 - Valencia
TELFS.: 96/361 00 48 - 50
FAX: 96/369 41 51
Email: tlb@tirant.com
www.tirant.com
Librería virtual: www.tirant.es
DEPÓSITO LEGAL: V-2324-2024
ISBN: 978-84-1071-057-3
MAQUETA: Tink Factoría de Color

Si tiene alguna queja o sugerencia, envíenos un mail a: *atencioncliente@tirant.com*. En caso de no ser atendida su sugerencia, por favor, lea en *www.tirant.net/index.php/empresa/politicas-de-empresa* nuestro procedimiento de quejas.

Responsabilidad Social Corporativa: http://www.tirant.net/Docs/RSCTirant.pdf

Índice

Prólogo

Bajo el título “Resaltando la memoria democrática”, se llevó a cabo el I Congreso de Innovación Docente sobre las víctimas del terrorismo en el ámbito universitario los pasados días 28 y 29 de diciembre. Este evento fue organizado por la Fundación Broseta en colaboración con la Fundación de Víctimas del Terrorismo y la Dirección General responsable de su atención en el Ministerio del Interior del Gobierno de España. Este congreso representó una excelente oportunidad para visibilizar los esfuerzos más significativos en la promoción de la causa de las víctimas y su problemática en el ámbito académico, específicamente en la Universitat de València, donde desde hace décadas se han venido organizando seminarios, actividades complementarias y proyecciones audiovisuales para honrar su memoria y concienciar sobre la necesidad de mejorar su apoyo y reconocimiento.

En un reciente Consejo Europeo celebrado el 3 de diciembre de 2023, se destacó que el recuerdo de las víctimas del terrorismo es vital para su proceso de recuperación, para el fomento de la cohesión social y para la defensa de los valores democráticos. Se subrayó el papel decisivo que deben desempeñar estas víctimas en las políticas de la memoria, ya que sus testimonios son un poderoso instrumento para crear conciencia sobre las consecuencias humanas del terrorismo e impedir la radicalización. Se invitó a los Estados miembros de la UE a promover políticas dirigidas a dicho colectivo, no solo como signo de reconocimiento y respeto, sino también como muestra de solidaridad hacia ellos.

Por este motivo, un grupo de profesores de la Universitat de València ha generado un Proyecto de Innovación Docente titulado “Ciudadanía activa por la Memoria y la Justicia: las víctimas del terrorismo en el aula universitaria”, que en el curso académico 2023-2024 ha comenzado su andadura. Este proyecto ha sido posible gracias al impulso materializado, entre otras acciones, por el Congreso mencionado anteriormente. Esta publicación recoge algunos de los materiales académicos presentados en el mismo, ayudando a visibilizar la integralidad y dimensiones del plan docente cuya implementación ha sido precedida por muchas acciones aisladas, que ahora encuentran un marco común de acción.

Además, se han reflejado algunas buenas prácticas docentes de otras universidades españolas (como la Universidad Rey Juan Carlos de Madrid-URJC y la Universidad de Castilla La Mancha-UCLM), que sin duda servirán de inspiración para el espíritu que nos anima.

Esta obra colectiva surge como un testimonio del compromiso de diversos expertos académicos, institucionales y del activismo asociativo en el abordaje de una problemática fundamental para la sociedad contemporánea: el terrorismo desde la perspectiva de sus damnificados. Por ello, se han destacado tres grandes ámbitos en la misma, siguiendo la misma arquitectura que sirvió de inspiración para la celebración del Congreso: i) la internacionalización del fenómeno de las víctimas del terrorismo; ii) las buenas prácticas docentes universitarias desplegadas por distintas universidades españolas; y, por último, algunos testimonios del activismo asociativo e institucional en favor de su memoria, sin olvidar en ningún momento la perspectiva en clave de derechos de esta cuestión fundamental.

Desde diferentes perspectivas y ámbitos de estudio, los autores que componen esta obra nos invitan a adentrarnos en un análisis riguroso y multidisciplinario sobre la memoria, la prevención, los derechos y las prácticas docentes relacionadas con las víctimas del terrorismo. Cada capítulo representa una mirada única y enriquecedora que contribuye a una comprensión más profunda de este fenómeno complejo y sus implicaciones.

En el primero de los capítulos, la catedrática de la Universitat Jaume I, Paloma Durán y Lalaguna, nos guía a través del trabajo desplegado en Naciones Unidas en la erradicación del terrorismo, destacando la importancia de la acción global coordinada. Como esta experta internacional constata, el enfoque adoptado por Naciones Unidas en la lucha contra el terrorismo ha evolucionado significativamente, alejándose de las estrategias puramente militares y policiales hacia un enfoque más amplio y preventivo. Además de la erradicación directa del terrorismo, se ha priorizado la atención a las causas subyacentes y la protección de las víctimas, así como la promoción de sus derechos fundamentales. Aunque las resoluciones del Consejo de Seguridad han evitado autorizar el uso de la fuerza contra el terrorismo, se ha enfatizado la importancia de la cooperación internacional y la coordinación de los esfuerzos estatales para lograr resultados más efectivos. A pesar de las críticas sobre la reactividad de Naciones Unidas frente al terrorismo, se reconocen avances en áreas como la seguridad biológica, química, radiológica y nuclear. Aunque persisten desafíos pendientes, el compromiso político de los Estados y el trabajo conjunto demuestran un progreso significativo en la lucha contra el terrorismo a nivel internacional.

Tras este capítulo que sirve de marco introductorio, los profesores de Derecho Constitucional, Vivancos Comes (Universitat de València), Souto Galván (Universidad Rey Juan Carlos) y Ruíz Dorado (Universidad Castilla La Mancha) ofrecen una síntesis de las buenas prácticas docentes que se están desplegando en la actualidad en tales instituciones académicas y docentes. El coordinador de la presente obra colectiva, está familiarizado con la temática debido a su condición de secretario de la Fundación Profesor Manuel Broseta, institución decana en la construcción del entramado asociativo en defensa de las víctimas que honra la memoria del insigne catedrático de Derecho Mercantil, asesinado por la banda terrorista en 1992. Esta fundación viene, durante años, desplegando una intensa actividad en el ámbito de las universidades valencianas, y en particular en su Estudi General. A partir de la experiencia acumulada, un grupo de profesores de la Universitat de València de diferentes disciplinas académicas decidimos dar un paso adelante para dotar de integralidad las distintas y singulares actividades que venían desarrollándose en favor del colectivo de las víctimas del terrorismo en clave valenciana; a partir de la misma hemos impulsado un interesante proyecto "emergente" de innovación docente centrado en su memoria y de cuyos objetivos y acciones da cumplida cuenta la presente publicación. Esperando que, bien pronto, podamos recoger los frutos de lo sembrado a lo largo de intensos e ilusionantes meses de trabajo.

La Profesora Souto Galván, por su parte, destaca en su contribución la importancia de incluir buenas prácticas docentes en los currículos educativos con el objetivo de reconocer y visibilizar a las víctimas del terrorismo, abordando la experiencia del grupo de innovación docente ARCODE "el arte de contar derecho" del que la docente de la Universidad Rey Juan Carlos forma parte; un grupo que postula como innovación el empleo de nuevas fórmulas, cuya finalidad es lograr un verdadero aprendizaje de las Ciencias Jurídicas, por medio de la experiencia y el desarrollo de estrategias narrativas, tanto orales como escritas, para fijar mejor los conceptos jurídicos y, en consecuencia, conseguir su adecuado entendimiento y empleo. La presentación del relato y su narrativa en entornos educativos puede ser considerada como una extensión de los esfuerzos para implementar la educación en derechos humanos, pues es un método docente que constituye una estrategia pedagógica con múltiples facetas, que busca transmitir valores fundamentales como el respeto a estos, la tolerancia y la convivencia pacífica.

Y por último, la Profesora Ruíz Dorado, en el Capítulo 4, nos ofrece propuestas para la implementación de la educación cívico-constitucional en las aulas de enseñanza no universitaria españolas, en virtud de su participación en el grupo de investigación que lideran los catedráticos de Derecho Constitucional, Francisco Javier Díaz-Revorio y Carlos Vidal Prado sobre "Enseñar la Constitución, enseñar en Democracia" y que cuenta ya con valiosas contribuciones recientes en la disciplina.

Dos contribuciones más del equipo docente que forma parte del plan de innovación docente impulsado desde la Universitat de València cierran esta segunda parte. Se trata de los trabajos de los profesores Aparcio Chofré y Baixauli Fernandez, titulados "La innovación docente en los estudios de Máster. Una experiencia práctica en la enseñanza de la Corte Penal Internacional" y "La introducción en el Grado de Criminología del relato de las víctimas de terrorismo a través de la victimología", respectivamente.

Por último, el tercer bloque busca, como decíamos, ofrecer la perspectiva del activismo asociativo e institucional. Qué mejor forma de hacerlo que de la mano de un conocido en dicho ámbito: Raúl López Romo, responsable de los programas educativos del Centro Memorial y autor de una reciente publicación acerca del olvidado terrorismo vasco (Vitoria: Betagarri, 2023), nos muestra en el quinto de los capítulos del libro la intensa labor desplegada por la institución, en su función de función de difundir valores democráticos y éticos, construir la memoria colectiva de las víctimas y concienciar a la población para la defensa de la libertad y de los derechos humanos y contra el terrorismo.

Cierra la obra colectiva una de las pioneras en el tratamiento de las víctimas del terrorismo, Agata Serranò, investigadora "Ramón y Cajal" en el Departamento de Ciencia Política y Relaciones Internacionales de la Universidad Autónoma de Madrid (UAM), quien nos brinda una perspectiva comparada sobre los derechos específicos de estas; destacando su evolución de la invisibilidad al reconocimiento, que ya había sido objeto de una monografía anterior, una contribución fundamental en el ámbito que nos ocupa.

La obra colectiva que el lector tiene a continuación representa un esfuerzo colaborativo único para comprender, reflexionar y actuar en relación con las víctimas del terrorismo dentro del aula universitaria, una tarea a la que le queda sin duda mucho recorrido y que entronca con el deseo de ofrecer una formación cívica, también, en la educación superior. Reafirmando así el papel crucial de la academia en la construcción de un mundo más justo y digno.

MARIANO VIVANCOS
Profesor de Derecho Constitucional

El trabajo de Naciones Unidas para la erradicación del terrorismo

PALOMA DURÁN Y LALAGUNA
Catedrática de la Universidad Jaume I

Sumario: I. LA ESTRATEGIA GLOBAL DE NACIONES UNIDAS CONTRA EL TERRORISMO. II. EL PORTAL DE NACIONES UNIDAS, DE APOYO A LAS VÍCTIMAS DEL TERRORISMO. III. CONCLUSIONES.

El 11 de septiembre de 2001, tuvo lugar en Nueva York (Estados Unidos) el atentado contra las torres gemelas, Pensilvania y Washington, con un brutal resultado de más de 3000 personas asesinadas. El 11 de marzo de 2004 tuvo lugar el atentado en Madrid, en la estación de Atocha muriendo casi 200 personas. Antes de estas fechas, Naciones Unidas había realizado un trabajo importante de apoyo a las víctimas de delitos, que empieza en 1973, con la aprobación de la Convención sobre la prevención y el castigo de delitos contra personas internacionalmente protegidas, inclusive los agentes diplomáticos. Posteriormente, en 1985, la Asamblea general aprobó la Declaración de los principios fundamentales de justicia para las víctimas de delitos y abuso de poder.

Después de los atentados en Nueva York, el Consejo de seguridad de Naciones Unidas aprobó la resolución 1373 (2001), que —entre otras medidas— obliga a los Estados a tipificar como delito la prestación de asistencia para actividades terroristas, denegar refugio y apoyo financiero a los terroristas y compartir información sobre los grupos que planeen ataques terroristas[1].

Paralelamente, se creó el Comité contra el terrorismo, formado por 15 miembros, con la finalidad de verificar la aplicación de la resolución[2]. Tres

---

1 Ver op. 1 de la resolución citada.

2 El op. 6 de la resolución afirma lo siguiente: *Decide establecer, de conformidad con el artículo 28 de su reglamento provisional, un Comité del Consejo de Seguridad integrado por todos los miembros del Consejo, para verificar la aplicación de la presente resolución, con la asistencia de los expertos que se consideren apropiados, y exhorta a todos los Estados a que*

años después, el Consejo aprobó la resolución 1535 (2004), por la que se creó la dirección ejecutiva del comité contra el terrorismo, para facilitar asesoramiento experto al Comité en las esferas de la resolución 1373, facilitando también asistencia técnica a los países y promoviendo la coordinación más estrecha dentro del sistema de Naciones Unidas.

Entre el 14 y el 16 de septiembre de 2005 tuvo lugar en Nueva York, la cumbre de jefes de Estado y de gobierno, convocada por Naciones Unidas, en la que se aprobó la Declaración de la cumbre; y el 14 de septiembre, el Consejo de seguridad aprobó la resolución 1624 (2005), relativa a la incitación a la comisión de actos de terrorismo, reiterando la obligación de los países de observar las normas internacionales de derechos humanos.

Finalmente, en 2006 fue aprobada la resolución de la Asamblea General 60/288, que incluye la estrategia global contra el terrorismo, basada en el informe que el secretario general publicó unos meses antes (A/60/825).

Dicha estrategia es la que ha sentado las bases para la labor que realiza la Organización en relación con las víctimas del terrorismo y constituye un instrumento global excepcional que refuerza las iniciativas nacionales, regionales e internacionales de lucha contra el terrorismo.

Según informa la página web institucional de Naciones Unidas[3], es la primera vez que todos los Estados Miembros han acordado aplicar un enfoque estratégico común para luchar contra el terrorismo, no solo al indicar claramente que el terrorismo es inaceptable en todas sus formas y manifestaciones, sino también al decidir adoptar medidas prácticas, individuales y colectivas, para prevenirlo y combatirlo.

La estrategia citada incluye referencias a la protección y apoyo a las víctimas. Concretamente los pilares I y IV de la estrategia establece que los Estados miembros de Naciones Unidas se esforzarán por promover la solidaridad internacional en apoyo de las víctimas y fomentar la participación de la sociedad civil en una campaña mundial contra el terrorismo y su condena[4].

---

informen al Comité, a más tardar 90 días después de la fecha de aprobación de la resolución y con posterioridad conforme a un calendario que será propuesto por el Comité, de las medidas que hayan adoptado para aplicar la presente resolución.

3 www.un.org

4 El n.8 del Pilar I de la estrategia incluye entre las medidas aprobadas lo siguiente: *Estudiar la posibilidad de establecer, a título voluntario, sistemas nacionales de asistencia que atiendan a las necesidades de las víctimas del terrorismo y sus familias y faciliten la normalización de su vida. A este respecto, alentamos a los Estados a que pidan a las enti-*

Asimismo, destaca la necesidad de promover y proteger los derechos de las víctimas del terrorismo y procurar hacer frente a la deshumanización de las víctimas del terrorismo, mediante el fomento de la solidaridad con las víctimas del terrorismo y la prestación de asistencia a las víctimas y sus familias y facilitar la normalización de sus vidas[5].

En 2008, el secretario general de Naciones Unidas convocó el simposio sobre el apoyo a las víctimas del terrorismo, como una medida práctica para reconocer sus necesidades tras la aprobación de la estrategia global. La finalidad fue dotar de rostro y voz a las víctimas de los actos terroristas y también proporcionar un foro en el que poder debatir y sugerir experiencias y buenas prácticas que puedan ayudar a sobrellevar la situación como víctimas de terrorismo. Por primera vez, actores gubernamentales y no gubernamentales lograron elaborar conjuntamente una serie de recomendaciones para mejorar el apoyo a las víctimas. Una de esas recomendaciones fue la creación de una red virtual para las víctimas, que facilitara la existencia de un centro de comunicación e información para las víctimas de terrorismo y sus familias.

Dicha red fue creada en 2014, como portal de apoyo a las víctimas del terrorismo[6].

Según recoge la información institucional de Naciones Unidas, el portal de apoyo a las víctimas del terrorismo tiene tres objetivos[7]:

1. Servir de centro de acopio de la información sobre cuestiones relacionadas con las víctimas del terrorismo. Esta información, procedente de los gobiernos, las organizaciones internacionales y regionales, la sociedad civil y las víctimas del terrorismo, se presentará en un formato de fácil uso y accesible al público para beneficio de las propias víctimas, la comunidad y los encargados de elaborar las políticas nacionales;

---

dades competentes de Naciones Unidas que los ayuden a establecer tales sistemas nacionales. También nos esforzaremos ***por promover la solidaridad internacional en apoyo de las víctimas y fomentar la participación de la sociedad civil en una campaña mundial contra el terrorismo y para su condena.*** *Esto podría incluir el examen por la Asamblea general de la posibilidad de elaborar mecanismos prácticos para prestar asistencia a las víctimas.*

5 Cfr. párrafo introductorio del Pilar I de la estrategia.

6 https://www.un.org/victimsofterrorism/es

7 *Ibídem.*

2. Expresar la solidaridad internacional con las víctimas del terrorismo y fomentar la concienciación respecto de los esfuerzos nacionales e internacionales realizados para apoyarlas, a fin de destacar la importancia de incluir a las víctimas en todas las esferas de la labor de lucha contra el terrorismo, y

3. Contribuir a la rehabilitación de las víctimas del terrorismo mediante el intercambio de información acerca de los recursos pertinentes con las víctimas y sus familiares.

En junio de 2011, el Consejo de derechos humanos, aprobó la resolución 17/8, solicitando al secretario general la proclamación del día internacional de conmemoración y homenaje a las víctimas del terrorismo. Dicha declaración se llevó a cabo por la Asamblea General de Naciones Unidas en 2017[8], destacando la necesidad de promover y proteger los derechos de las víctimas del terrorismo; y deplorando el sufrimiento causado a las víctimas y a sus familias[9].

La resolución 72/165 no se restringe a la declaración del día internacional sino que recuerda una serie de pautas que Naciones Unidas ha reiterado en las resoluciones de la Asamblea general y también en las del Consejo de seguridad: reitera la repercusión devastadora del terrorismo para el disfrute de los derechos humanos y las libertades fundamentales; reconoce la función que pueden desempeñar las víctimas para contra-restar la atracción del terrorismo; reitera la necesidad de la solidaridad internacional en el apoyo a las víctimas para asegurar que sean tratadas con dignidad y respeto; reconoce la importancia de respetar sus derechos y los de sus familias; y renueva el compromiso de intensificar la cooperación internacional para prevenir y combatir el terrorismo en todas sus formas[10].

Finalmente, la resolución propone el día 21 de agosto como día internacional de conmemoración y homenaje a las víctimas de terrorismo. Desde 2017, anualmente ha tenido lugar la celebración del día internacional con actividades muy diversas y con el objetivo de mostrar el apoyo a las víctimas, pero también la obligación de los Estados de fomentar la solidaridad

---

8 Cfr. resolución 72/165 de la Asamblea general de Naciones Unidas.

9 El texto de la resolución afirma explícitamente en su preámbulo lo siguiente: *Deplorando profundamente el sufrimiento causado por el terrorismo a las víctimas y a sus familias, expresando su profunda solidaridad con ellas, y destacando la importancia de prestarles la asistencia adecuada.*

10 Cfr. resolución 72/165 de la Asamblea general de Naciones Unidas.

internacional con las víctimas y de asegurar la promoción y protección de sus derechos y los de sus familias.

En Europa, el día europeo de las víctimas del terrorismo se celebra el 11 de marzo, en recuerdo de las víctimas del atentado en Madrid en 2004. Ese mismo año, el Parlamento europeo aprobó la celebración del día europeo, para rendir homenaje a todas las víctimas y sus familias. En el Consejo de Europa, es el día 21 de mayo el día mundial de lucha contra el terrorismo.

I. LA ESTRATEGIA GLOBAL DE NACIONES UNIDAS CONTRA EL TERRORISMO

Como se ha mencionado, la estrategia global fue aprobada el 20 de septiembre de 2006, en la resolución 60/288 de la Asamblea general de Naciones Unidas.

La estrategia asumió el informe que el secretario general de la Organización había presentado unos meses antes, en abril de 2006[11], tras haber asumido el mandato de prepararla, con motivo del primer aniversario de los atentados de Atocha, en Madrid.

El secretario general (SG) propuso cinco ámbitos de actuación:

1. En primer lugar, disuadir a las personas de recurrir al terrorismo y de apoyarlo. Para ello, el SG reiteraba que el terrorismo es inaceptable. No se justifica por el derecho de la libre determinación de los pueblos, ni por ninguna causa. Alentaba a la ratificación de los instrumentos jurídicos disponibles en Naciones Unidas, así como a le necesidad de fomentar el trabajo de la sociedad civil, que en ocasiones puede llegar donde no llegan los Estados.

   Asimismo, el informe detallaba algunas condiciones que pueden ser aprovechadas por los terroristas, como la implantación de ideologías extremistas y de deshumanización de las víctimas; conflictos violentos tanto de carácter local como regional; mal gobierno, falta de derechos civiles y abusos de derechos humanos; y también casos de discriminación por motivos religiosos y étnicos, exclusión política y marginación socioeconómica. Con todo ello, no se pretende en ningún caso "justificar" las acciones terroristas, pero sí mostrar que

---

[11] A/60/825.

hay situaciones que podrían facilitar el trabajo de los terroristas y sus aliados.

2. En segundo lugar, la necesidad de dificultar a los terroristas el acceso a medios para perpetrar los atentados. Esto requiere negarles cualquier tipo de apoyo financiero, para lo que es necesario coordinar el seguimiento de las corrientes y flujos de dinero, así como la implantación del convenio para la represión de la financiación del terrorismo; negarles también el acceso a las armas, incluyendo las armas de destrucción masiva; negarles el acceso a la comunicación, luchando contra su uso en Internet; negarles la posibilidad de viajar; y negarles la posibilidad de llegar a objetivos y lograr los objetivos deseados.
3. En tercer lugar, hacer que los Estados desistan de apoyar grupos terroristas.
4. En cuarto lugar, desarrollar la capacidad de los Estados para prevenir el terrorismo. Como aspectos prioritarios, el SG incluía en su informe promover el imperio de la ley, el respeto a los derechos humanos, sistemas eficaces de justicia penal, educación de calidad y tolerancia religiosa y cultural, velar por la seguridad en el transporte, aprovechar las posibilidades de Internet para combatir el terrorismo, oponerse a la financiación del terrorismo, fortalecer la capacidad del Estado y mejorar la protección de blancos fáciles. Junto a ello, el SG no omitía le necesidad de proporcionar recursos suficientes para combatir el terrorismo; y fomentar la coherencia de todo el sistema de Naciones Unidas en actividades de lucha contra el terrorismo: desde el intercambio de información a la creación de un equipo especial para luchar contra el terrorismo.
5. Por último y no menos importante, el SG apelaba a la defensa de los derechos humanos.

El informe del SG incluyó también el detalle de las estrategias de actuación, con los órganos competentes en cada caso, en un intento de que la estrategia que se preparara fuera pragmática y mirando a los resultados.

Tras la presentación del informe, la Asamblea general, como hemos señalado, aprobó la estrategia en septiembre de 2006, incluyendo la práctica totalidad de las sugerencias incluidas en el informe del SG, así como las propuestas en el documento final de la Cumbre mundial de 2015, en la que también se reclamaba la necesidad de la estrategia global.

La estrategia, aprobada en la resolución 60/288 de la Asamblea general, agradecía el informe en su primer párrafo y proponía también el examen bianual de los avances logrados en su implementación, pidiendo al SG sugerencias y aportaciones para dichas revisiones de la estrategia.

Como se ha mencionado anteriormente, la resolución incluye un plan de acción articulado en 4 pilares, precedidos de unos párrafos preambulares. El primero de ellos representa un compromiso taxativo, al condenar *de manera sistemática, inequívoca y firme* el terrorismo en todas sus formas[12].

Los pilares del plan de acción son los siguientes:

1. Medidas para hacer frente a las condiciones que propician la propagación del terrorismo.
2. Medidas para prevenir y combatir el terrorismo.
3. Medidas destinadas a aumentar la capacidad de los Estados para prevenir el terrorismo y luchar contra él, y a fortalecer el papel del sistema de las Naciones Unidas a ese respecto.
4. Medidas para asegurar el respeto de los derechos humanos para todos y el imperio de la ley como base fundamental de la lucha contra el terrorismo.

El preámbulo de la estrategia, como se ha mencionado, establece que se examinará cada dos años el avance en la implementación de las medidas previstas. En cumplimiento de esta disposición se han llevado a cabo hasta el momento 8 revisiones, empezando en septiembre de 2008, en las siguientes resoluciones de la Asamblea general:

Septiembre 2008	Resolución 62/272
Octubre 2010	Resolución 64/297
Julio 2022	Resolución 66/282
Junio 2014	Resolución 68/276
Julio 2016	Resolución 70/291
Junio 2018	Resolución 72/840
Junio 2021	Resolución 75/291
Julio 2023	Resolución 77/298

[12] El párrafo 1 de la introducción del plan de acción afirma textualmente: *Condenar, de manera sistemática, inequívoca y firme, el terrorismo en todas sus formas y manifestaciones, independientemente de quién lo cometa y de dónde y con qué propósitos, puesto que constituye una de las amenazas más graves para la paz y la seguridad internacionales.*

En las primeras revisiones, las resoluciones reiteran el compromiso con las medidas aprobadas en la estrategia; y es a partir de la cuarta revisión, en 2014 cuando se introducen elementos preocupantes para la lucha contra el terrorismo, como es el desarrollo de la sociedad de la información. En las siguientes revisiones, se han ido incorporando nuevos retos y dificultades. La última de ellas, en junio de 2023, la resolución aprobada por unanimidad en la Asamblea general, apela a la responsabilidad prioritaria de los Estados para la erradicación del terrorismo, alentando a la elaboración de planes nacionales y regionales.

También se alienta a la sociedad civil a intensificar la aplicación de la estrategia; asi como a los Estados para poner de relieve el papel de las mujeres en la lucha contra el terrorismo y el extremismo violento que conduce también al terrorismo.

La tolerancia, el pluralismo, el respeto por la diversidad y el diálogo entre civilizaciones, así como una mayor comprensión de las religiones y culturas, se incluyen como elementos esenciales en la cooperación para la lucha contra el terrorismo. Lo que implica —según propone la resolución— la promoción de la cultura de la paz, especialmente entre la población más joven.

La última resolución aprobada en la Asamblea reitera la preocupación por la evolución del uso de las tecnologías de la información y las comunicaciones por parte de los terroristas, así como la amenaza que siguen siendo los combatientes terroristas extranjeros y en particular la financiación del terrorismo.

Finalmente, la Asamblea también reconoce el papel importante que desempeña la Oficina de lucha contra el terrorismo.

Las revisiones bianuales de la estrategia global han servido no sólo para mostrar los esfuerzos de los Estados en su implementación, sino también los cambios de legislación en algunos casos, y la aprobación de políticas públicas, especialmente para apoyar a las víctimas de terrorismo y a sus familias.

En este sentido, los informes que el SG ha publicado, antes de las respectivas revisiones han puntualizado con detalle muchas de estas medidas, y han abierto también el dialogo entre los Estados medios acerca de los retos y dificultades que genera el terrorismo y también el extremismo violento.

En el caso de las víctimas, es ilustrativo señalar que, en abril de 2020, de conformidad con la resolución 73/305 de la Asamblea General, el SG publicó el informe "Progresos realizados por el sistema de las Naciones Unidas para ayudar a los Estados Miembros a prestar asistencia a las víctimas del terrorismo" (A/74/790) a través del cual se pretendía mejorar la cooperación internacional para asistir a las víctimas del terrorismo.

Los Estados Miembros, a través de las resoluciones bianuales de revisión de la Estrategia Global de las Naciones Unidas contra el Terrorismo destacan el importante y fundamental papel de las víctimas en la lucha contra esta lacra. También destacan la necesidad de promover la solidaridad internacional, prevenir el extremismo violento y reconocer y defender los derechos humanos de las víctimas y apoyar sus necesidades específicas.

Desde el sexto examen de la estrategia, los acontecimientos a nivel internacional, regional y nacional han demostrado cada vez más que el apoyo a las víctimas ha ido más allá de la solidaridad simbólica hacia un compromiso más firme para promover sus derechos y necesidades. Esto se refleja en el establecimiento en 2019 de un Grupo de Amigos de las Víctimas del Terrorismo y la resolución A/RES/73/305 de la Asamblea General sobre el fortalecimiento de la cooperación internacional para ayudar a las víctimas del terrorismo.

La resolución del octavo examen, aprobada como se ha dicho, el 22 de junio de 2023 (A/RES/77/298), señala la importancia de defender los derechos y apoyar las necesidades de las víctimas del terrorismo, en particular de las mujeres, los niños y las personas afectadas por la violencia sexual y por razón de género. El documento alienta a todos los Estados Miembros a que elaboren planes nacionales amplios de asistencia para las víctimas del terrorismo y sus familias a fin de atender las necesidades inmediatas, a corto y a largo plazo de las víctimas del terrorismo.

II. EL PORTAL DE NACIONES UNIDAS, DE APOYO A LAS VÍCTIMAS DEL TERRORISMO[13]

En 2008 y tras una visita del entonces SG a Madrid, Naciones Unidas organizó el primer simposio mundial de apoyo a las víctimas de terrorismo y sus familias, que se celebró en Nueva york el 9 y 10 de septiembre. En 2016, tuvo lugar la Conferencia de Naciones Unidas para la promoción y protección de los derechos humanos de las víctimas de terrorismo. Y en 2022,

---

13 La web del portal de Naciones Unidas es la siguiente: https://www.un.org/victimsofterrorism/en

tuvo lugar en Nueva York, el segundo simposio, en el que España propuso la apertura de una de las oficinas locales de la Oficina de Naciones Unidas, a la que nos hemos referido con anterioridad.

Respecto al portal de apoyo a las víctimas, el SG lo lanzó en 2014, durante la reunión organizada por el presidente de la Asamblea general para tratar sobre las condiciones que conducen a la propagación del terrorismo. La jorna se enmarcaba en la cuarta revisión de la estrategia global de Naciones Unidas contra el terrorismo.

El portal fue creado por la oficina del equipo especial sobre la ejecución de la lucha contra el terrorismo (CTITF, por sus siglas en inglés) y el grupo de trabajo sobre el apoyo a las víctimas de terrorismo y la divulgación de su situación.

El portal se creó como una plataforma apolítica, que sirviera como mecanismo para facilitar acceso a la información por parte de las víctimas, sus familias y las comunidades, ya fuera sobre apoyo psicológico, o cómo acceder al sistema nacional de justicia o en su caso cómo acceder a las posibilidades de rehabilitación brindadas por los Estados miembros.

Con todo, el portal se consideró también como una forma de manifestar la solidaridad por parte de la comunidad internacional hacia las víctimas y sus familias.

Cuenta con recursos, información sobre la actuación de los Estados miembros en apoyo a las víctimas, así como noticias de las organizaciones de la sociedad civil que trabajan para la erradicación del terrorismo.

Asimismo, el portal incluye también información sobre la proclamación del 21 de agosto como el Día internacional de conmemoración y homenaje a las víctimas del terrorismo, a fin de honrar a las víctimas y supervivientes del terrorismo y promover y proteger sus derechos y libertades fundamentales[14].

III. CONCLUSIONES

Podría decirse que las medidas aprobadas en Naciones Unidas han cambiado el modo de afrontar el problema. Frente a las tradicionales estrategias de carácter militar y policial, el enfoque actual se ha extendido. Junto al trabajo directo de erradicación del terrorismo, se han ampliado las me-

14 Cfr. resolución 72/165 (2017) de la Asamblea general de Naciones Unidas.

didas para prevenir y atajar las causas que facilitan su desarrollo. Y se ha añadido la perspectiva importante de atención y apoyo a las víctimas, así como la promoción y protección de sus derechos y libertades fundamentales. Muestra de ello es que las resoluciones del Consejo de seguridad en aplicación del capítulo VII de la Carta de Naciones Unidas no han autorizado el uso de la fuerza frente a los ataques terroristas, subrayando que las acciones militares no son las más apropiadas para combatirlo.

Asimismo, las obligaciones de los Estados, en virtud de la estrategia global aprobada, no son nuevas, sino que se reclama la coordinación y sistematización de los esfuerzos para que resulten más eficaces.

Al margen de la naturaleza jurídica de dichas obligaciones para los Estados, lo cierto es que la solidaridad internacional con las víctimas y el trabajo conjunto de los Estados ha mostrado el compromiso político de todos los Estados para la erradicación del terrorismo en todas sus formas.

Se ha criticado que Naciones Unidas ha actuado en muchas ocasiones, respondiendo a las acciones terroristas y queda pendiente el reto de la prevención, que depende de los Estados, pero también de las decisiones de la comunidad internacional. Esto se confirma en campos como la aviación civil, o la seguridad marítima; y se ha aplaudido la aprobación de iniciativas en el ámbito de la seguridad biológica, química, radiológica y nuclear.

Quedan muchos retos pendientes, pero no deja de ser importante el trabajo realizado por Naciones Unidas, con todas las críticas que puedan hacerse a las deficiencias existentes.

Los universitarios y la memoria de las víctimas del terrorismo. Una experiencia de innovación docente en la Universitat de València

MARIANO VIVANCOS COMES
Profesor Permanente Laboral de Derecho Constitucional
Universitat de València

I. INTRODUCCIÓN: UNIVERSIDAD COMO ESPACIO DE MEMORIA

Hasta fechas muy recientes, apenas unas pocas universidades españolas contaban con herramientas específicas para vehiculizar la memoria de las víctimas del terrorismo, después de décadas marcadas por la violencia y el terror, en los estudios superiores y sus titulaciones. Durante años, únicamente la acción institucional de los gobiernos autonómicos en aquellos territorios que habían sido especialmente golpeados por la acción terrorista, como el vasco o navarro, contaban con distintos programas y acciones[1]

1 En concreto, se trata de los Programas "*Adi-adian. Aprendizaje de dignidad humana, convivencia y empatía mediante una experiencia de escucha de testimonio de víctimas*" o "*Escuelas con memoria, por la paz y la convivencia. ESKUtik-de la Mano*", iniciando su andadura en los cursos 2028-2019 a través de sendos "pilotajes" en las universidades del País Vasco y Navarra, respectivamente. Por lo que respecta al primero, trae su origen en el "Plan Vasco de Educación para la paz y los Derechos Humanos", impulsado durante la legislatura 2005-2009 y del que formarán las unidades didácticas "Bakerako Urratsak" e "Historias que nos marcan". En los cursos 2006-07 y 2007-08, se introducirán testimonios de víctimas, llegaándose a modificar el currículo educativo. La reformulación del plan conducirá al impulso del Programa de Víctimas Educadoras que, a finales de la década siguiente, se haría presente en las

sobre "víctimas educadoras" que fueron desarrollándose a finales de la segunda década del siglo.

Con todo, han sido frecuentes también las acciones dirigidas a honrar la memoria de insignes personalidades del mundo académico (Broseta, Tomás y Valiente y Lluch)[2] asesinados por la barbarie terrorista e, incluso, los congresos que centrándose en las víctimas ha venido desarrollando alguna institución educativa superior privada como la Universidad San Pablo-CEU[3], de amplia proyección.

---

universidades vascas. La primera evaluación del programa gubernamental vasco se ha producido recientemente, véase Aranguren-Juaristi, O.; Apaolaza-Llorente, D.; Echeberría Arquero, B.; y Vicent, N. (2020). "Testimonios de víctimas en el módulo educativo Adi-adian. Una mirada desde la didáctica de las Ciencias Sociales", *Revista de Investigación e Innovación Educativa,* 101, 15-23, destacando como principal conclusión el haberse logrado "(...) suplir la desinformación que el alumnado mostraba ante una etapa de la historia reciente y aumentar su motivación para conocer un conflicto social candente de su entorno: la vulneración de los derechos humanos en el país Vasco durante las últimas décadas" (2020: 22).Por lo que respecta al segundo, desde 2018 lleva el testimonio de las víctimas del terrorismo a la universidad pública de Navarra. Junto a esta iniciativa, se han realizado algunas investigaciones de interés, tales como: Rodríguez Fouz, M; Acha Ugarte, B; y Sánchez de la Yncera, I. *Estudio sociológico sobre las extorsiones y amenazas de ETA contra el empresariado navarro.* Pamplona: Universidad Pública de Navarra, 2019; o Pérez Macías, I. A., *Situación procesal de los atentados mortales de ETA en Navarra.* Pamplona, Gobierno de Navarra, 2019. Y donde, también, destaca el proyecto audiovisual "Relatos de Plomo" sobre la historia del terrorismo en Navarra, realizado y producido por Navarra Televisión e impulsado por el Gobierno foral. El documental, repasa la trayectoria y las consecuencias del terrorismo de ETA en Navarra a través de la reconstrucción de once atentados y con las entrevistas exclusivas a once víctimas directas.

2 "*Maestros de Ciudadanía: Manuel Broseta, Ernest Lluch i Francisco Tomás y Valiente*" (2014), catálogo de la Exposición (Centre La Nau, Universitat de València, 2014). En la publicación de la Muestra, comisariada por Marc Baldo, Norberto Piqueras y Mª José Serrano, aparecen interesantes semblantes (político, civico y/o constitucional) de los tres profesores universitarios asesinados por ETA. Para la disciplina de especial interés son los dos artículos dedicados al expresidente del Tribunal Constitucional, Francisco Tomás y Valiente, insertos en la publicación mencionada.

3 En los dos últimos años (2022 y 2023) la Universidad CEU San Pablo ha organizado dos congreso internacionales sobre víctimas del terrorismo. El primero bajo el lema "Memoria para el futuro", organizado en colaboración con la Comunidad Autónoma de Madrid (Consejería de Presidencia) y cuya conferencia inaugural corrió a cargo de Aleksandra Ivankovic, directora del Centro Europeo de Asesoramiento para las Víctimas del Terrorismo; y el segundo, que bajo el título "Voces

Existen, también, otras iniciativas que merecen ser también destacadas en el deseo de convertir a las universidades en espacios de memoria. Como la programación de encuentros "restaurativos", organizados por las universidades de País Vasco y Mondragón (2017), con más de un millar de beneficiados y donde ha participado la célebre Maixabel Lasa, protagonista de la última película de Icíar Bollaín[4], estrenada el 2022. A los que se ha sumado Deusto (curso 2019-2020), a través de la colaboración de su Centro de Ética Aplicada (CEA)[5] en colaboración con el Consejo de la Juventud de Euskadi, liderando una comunidad de aprendizaje en este ámbito, a través de la introducción de una nueva asignatura (*Ética Cívica y Profesional*) que permite ofrecer testimonio directo de las víctimas, y que ha posibilitado escalar al ámbito universitario la experiencia que, gracias a la colaboración de los Ministerios de Educación e Interior y algunos gobiernos autonómicos, se ha desarrollado en ciertos niveles educativos (ESO y Bachillerato)[6].

---

por la libertad", fue organizado por el Instituto de Estudios Históricos (CEU) y el Centro de Estudios, Formación y Análisis Social (CEU-CEFAS), donde sería presentado un estudio preliminar bajo el título Investigación sobre el nivel de conocimiento de los universitarios de los crímenes del comunismo (CEU-CEFAS, 2023).

4 "*Maixabel*" es una película española dramática de 2021, galardonada con tres premios Goya (tras 14 nominaciones) basada en hechos reales. Cuenta la historia de Maixabel Lasa, viuda del político vasco Juan María Jáuregui asesinado por ETA, una de las primeras víctimas en acceder a entrevistarse con uno de los autores materiales del crimen de su pareja sentimental, tras haber roto sus lazos con la banda terrorista.

5 Centro de investigación de la Universidad de Deusto que proyecta su ámbito sobre seis grandes áreas, entre las que figuran los conflictos y la paz, que coordina la investigadora Ángela Bermúdez Vélez.

6 Los Ministerios de Interior y de Educación y Formación Profesional, junto con el Centro para la Memoria de las Víctimas del Terrorismo (fundación pública constituida en 2016) y la Fundación Víctimas del Terrorismo, colaboran en un proyecto educativo conjunto, denominado "Memoria y prevención del terrorismo" que incluye un testimonio directo de las víctimas en las aulas, acompañado de una serie de materiales didácticos para otras tantas asignaturas (Geografía e Historia, Historia del Mundo Contemporáneo, Filosofía, Psicología y Valores Éticos), desarrollando los contenidos incluidos en los currículos educativos de los niveles educativos obligatorios y postobligatorios (ESO y Bachillerato) referentes a la historia del terrorismo, el fomento de la consideración hacia las víctimas del terrorismo y el rechazo a la violencia terrorista. Todas ellas están en abierto a través de la siguiente dirección web: https://www.interior.gob.es/opencms/es/servicios-al-ciudadano/tramites-y-gestiones/ayudas-y-subvenciones/ayudas-a-victimas-de-actos-terroristas/unidades-didacticas-del-proyecto-educativo-memoria-y-prevencion-del-terrorismo/

Las sesiones del profesor Iñaki García Arrizabalaga (Deusto), impartidas en la Universidad Francisco de Vitoria de Madrid a estudiantes del doble grado de Derecho y Criminología, inmortalizadas ante las cámaras de Movistar Plus, dentro del reportaje "ETA, el final del silencio: Miguel Ángel" (2019)[7], dirigido por el periodista Jon Sistiaga[8] y Alfonso Cortés-Cavanillas; la colaboración interuniversitaria entre los equipos investigadores de la Universidad Pública de Navarra (UPNA) y de la Universidad de Navarra (UNAV) para la realización del estudio *El terrorismo de ETA y la kale borroka contra miembros y cargos públicos de partidos democráticos en Navarra*[9] por encargo del Colegio de Politólogos y Sociólogos de dicho territorio y financiado por la Dirección General de Paz, Convivencia y Derechos Humanos del Gobierno de Navarra; o, por último, la iniciativa liderada por colectivos de víctimas dirigida al Gobierno vasco para que etarras arrepentidos diesen

---

Recientemente, la organización de un un ciclo de conferencias sobre la historia del terrorismo de ETA dirigido al alumnado de 3º y 4º de Secundaria y Bachillerato en el sistema educativo andaluz a través de la participación de la Fundación Villacisneros ha sido objeto de polémica, tanto por el periodo trascurrido desde la desaparición de la banda terrorista y criminal por la línea ideológica que le sirve de inspiración. Cabe recordar que dicha fundación se habría distinguido, en los últimos años, por dar apoyo jurídico a víctimas de ETA e impulsar en los tribunales causas contra homenajes a etarras en Euskadi, investigados por la Audiencia Nacional.

7 Es una serie documental que sirve de homenaje a todas las víctimas de terrorismo de la banda ETA, con 826 víctimas mortales desde el primer asesinato en 1968 hasta el anuncio del cese de la organización (2018), a lo largo de medio siglo de terror. Analiza el cambio disruptivo originado por la banda. El contraste con los materiales de la serie "Las Huellas Perdidas", cinco documentales incluidos en el programa educativo Herenegun! (que podría traducirse por "antes de ayer") sobre la memoria reciente de Euskadi resultado del acuerdo de colaboración, en la XI legislatura (2016-2020), entre EiTB y la Secretaría General para la Paz y Convivencia del Gobierno Vasco que, curiosamente, omite el carácter antidemocrático del proyecto político de ETA, ni la vigencia de sus postulados por la izquierda abertzale.

8 El autor ha publicado recientemente su primera novela titulada *Purgatorio* (Plaza & Janés, 2022), influenciado, sin duda, por el impacto de la novela de Fernando Aramburu, *Patria* (Tusquets, 2013), tan sólo unos años antes. En ella, nos recuerda los horrores de la organización terrorista, en un intento de por conservar la memoria.

9 Lasterra Aznárez, M. (Coord.). *Terrorismo de ETA y violencia de persecución contra miembros y cargos públicos de partidos democráticos en Navarra*. Pamplona, Universidad Pública de Navarra y Universidad de Navarra, 2022. Puede descargarse en la siguiente dirección web: https://www.colsocpona.org/

testimonio e hiciesen autocrítica de su pasado criminal, que se ha traducido en una Estrategia Vasca de Justicia Restaurativa (2022-2025)[10], liderada por las viceconsejerías de Justicia y de Derechos Humanos, Memoria Histórica y Diversidad, en la que también ha participado activamente el Instituto Vasco de Criminología (IVAC-KREI) y la Universidad del País Vasco (UPV/EHU), son ciertamente algunos hitos dignos de consideración en el deseo de trasladar al aula universitaria el testimonio de las víctimas del terrorismo.

Estudios recientes, como el de la profesora y activista María Jiménez Ramos, resultado de una investigación doctoral[11] (galardonada con el premio Antonio Beristain de investigación victimológica) evidencia la eficacia de los testimonios para modificar la percepción general sobre el terrorismo y la necesidad de introducir esta cuestión en los planes de estudio. Dicho experimento sociológico se hizo a partir de una muestra de 225 estudiantes universitarios en Navarra, a partir de la metodología de la encuesta deliberativa. Otro estudio de interés realizado por la UPV/EHU es el titulado *Formación docente para la educación en Ciencias Sociales y una Ciudadanía Democrática en una Sociedad Post-conflicto* (2023), donde 160 estudiantes de magisterio cambiaron de opinión tras escuchar el testimonio de las víctimas del terrorismo.

II. INICIATIVAS PIONERAS DESDE LA UNIVERSITAT DE VALÈNCIA EN DICHO ÁMBITO

Sin desmerecer otros esfuerzos académicos en dicha dirección, la Universitat de València, ha sido pionera en acercar la memoria de las víctimas

---

[10] https://www.justizia.eus/contenidos/documentacion/20221110_inter_doc_sjr/es_def/adjuntos/220726_EstrategiaVascaJusticiaRestaurativa_2022-2025.pdf

[11] Jiménez Ramos, M., *El valor del testimonio. Aportaciones de las víctimas de ETA al relato y a la sensibilización de la sociedad.* Pamplona, Tesis doctoral defendida en la Universidad de Navarra, 2018; codirigida por los profesores P. Pérez López y J. Marrodán Ciordia. No me resisto a reproducir algunas conclusiones de la investigación referida. La opinión “completamente negativa” hacia la organización terrorista ETA creció del 58 al 72%, tras haber escuchado los testimonios. Aquellos que creían “muy necesario” que el terrorismo fuese materia de estudio en el ámbito educativo subieron del 36 al 41%; en paralelo a aquellos que consideraban que debía “pasarse página” (del 24 al 11%). Incrementándose de una forma sustancial aquellos que vieron la necesidad de cultivar la memoria de las víctimas, que aumentaron del 55 al 72%.

del terrorismo a la comunidad universitaria; a partir de colaboración estructurada de la primera fundación de víctimas del terrorismo creada al efecto con las instituciones estatales[12] y autonómicas[13] competentes en la materia, posibilitando el desarrollo de un gran número de acciones en este sentido. Entre las más recientes, cabe destacar el I Congreso de Innovación Docente sobre Víctimas del Terrorismo organizado el 28 y 29 de noviembre de 2022 por la Fundación Broseta[14] en colaboración con la Facultad de Derecho de la Universitat de València y la Dirección General de Atención a las víctimas del terrorismo; y que vino precedido, sólo unos meses antes, por el II Congreso sobre Fenomenología Terrorista, organizado por la Coordinadora de Víctimas del Terrorismo en el País Vasco (COVITE)[15], celebrado

---

12 A través básicamente de la Dirección General de Ayuda a las Víctimas del Terrorismo, dependiente de la Subsecretaría del Ministerio del Interior y desarrollada en el art. 13 de su Reglamento Orgánico y Funcional, desarrollado por Real Decreto 734/2020, de 4 de agosto, por el que se desarrolla la estructura orgánica básica del Ministerio del Interior (BOE núm. 211, de 5 de agosto de 2020, 63852 a 63884).

13 Fundamentalmente, a través de la Dirección General de Atención a las Víctimas, dependiente de la Conselleria de Justicia. El Decreto 134/2023, de 10 de agosto, del Consell, aprueba el Reglamento orgánico y funcional de la Conselleria de Justicia e Interior (DOCV núm. 9661, de 14 de agosto de 2023, págs. 50303-50310), que contempla este este centro directivo en su art. 10.

14 La Fundación Profesor Manuel Broseta nació en 1992 impulsada por instituciones públicas (Presidencia de la Generalitat Valenciana) y entidades empresariales de la Comunitat Valenciana, a través del impulso de su Confederación Empresarial, tras el asesinato del Profesor Broseta por ETA. Su objetivo es fomentar los valores de democracia, la tolerancia y el diálogo y mantener vivo el espíritu y la memoria del insigne profesor universitario. En 2023 celebraba su trigésimo aniversario, lo que la hace la decana de todas las fundaciones de víctimas del terrorismo creadas en España.

15 Como señalan Serranò, A. y Elósegui, E., "En 1998, otras tres mujeres familiares de víctimas del terrorismo que destacaran por su labor de deslegitimación del terrorismo de ETA —Cristina Cuesta, Consuelo Ordóñez y Teresa Díaz Bada— fundan el Colectivo de Víctimas del Terrorismo en el País Vasco (COVITE) con la intención de constituirse como un referente ineludible en cualquier proceso de final del terrorismo. Algunos temas esenciales de sus campañas de sensibilización son, entre otros, la construcción de un relato sobre lo ocurrido que condene las responsabilidades morales y políticas de ETA y de su entorno (verdad), la obtención de la justicia para las víctimas de ETA a través del esclarecimiento de los casos que todavía permanecen irresueltos, la consideración del terrorismo como crimen contra la humanidad", *Aprendiendo con las víctimas del terrorismo. Propuesta didáctica para la ciudadanía activa por la Memoria y la Justicia*. Madrid, Fundación Miguel Ángel Blanco, 2013, 29.

En su cuarto de siglo de existencia ha logrado importantes objetivos como el recordatorio a través de las RRSS (Twitter) de los asesinados por ETA y el contexto

los días 6 y 7 de octubre y donde, a través de la participación de expertos, se abordaron las amenazas y dinámicas actuales del terrorismo, la política antiterrorista, así como los procesos de radicalización violenta, la prevención del extremismo o la propaganda, desinformación y ciberterrorismo en el mundo digital. Conjunto de acciones que no sólo han posibilitado la maduración de una cátedra interuniversitaria específica[16], bajo la dirección del penalista José Luis González Cussac, centrada en el estudio del terrorismo y los derechos de sus víctimas; cuya andadura dio comienzo el pasado año y está formada por el sistema universitario valenciano, el entramado asociativo y la Conselleria de Justicia e Interior del Gobierno valenciano. Iniciativas que van a poder verse potenciadas, además, por un ambicioso plan de innovación docente (PID) que, bajo el título "*Ciudadanía activa por la Memoria y la Justicia: las víctimas del terrorismo en el aula universitaria*"[17], pretende agrupar acciones singulares, siendo pionero en el panorama español, por su integralidad y amplitud.

Otra iniciativa de interés impulsada por la Fundación Broseta ha sido el ciclo de cine y terrorismo que en 2023 celebró su sexta edición y que ha sido inspirador para las acciones desarrollados por el asociacionismo

---

en que lo fueron; la denuncia de los actos de homenajes, que han ido en aumento en los últimos años (150 en 2020; 282 en 2021; 547 en 2022; 466 en 2023); o la incorporación de candidatos condenados por su pertenencia a ETA (44 en más de 300 listas, dos de ellos pertenecientes a la dirección de la antigua Batasuna) en los últimos comicios municipales. En su último aniversario, la organización que resiste a ser calificada como de "víctimas por la paz" concreto algunos retos pendientes, como la batalla del delato o la deslegitimación del proyecto político de ETA, entre otros. Su actividad se centra en tres ámbitos fundamentales: activismo, diálogo e investigación. Entre sus actividades más destacadas, cabe citar el Observatorio Internacional de Estudios sobre Terrorismo, dedicado a la promoción de investigaciones universitarias de primer nivel en torno al terrorismo y la radicalización violenta. Las principales ponencias del Congreso han sido publicadas en un número monográfico de la Revista Internacional de Estudios sobre el Terrorismo (RIET) publicado en 2023. Puede consultarse en a siguiente dirección web: https://rietjournal.org/wp-content/uploads/2023/01/ES_RIET_2022_N7.pdf

16 Entre su reciente actividad, que puede consultarse en la dirección web https://cetydv.es/, destaca el I Congreso sobre Terrorismo y Derechos de las Víctimas, celebrado los días 16 y 17 de octubre de 2023, que fue clausurado por el magistrado del Tribunal Constitucional, Juan Carlos Campo Moreno.

17 Que ha sido reconocido como proyecto "emergente" dentro de la reciente convocatoria aprobada mediante la Resolución de 28 de abril de 2023, del Vicerrectorat de Formació Permanent, Transformació Docent i Ocupació de la Universitat de València.

en favor de las víctimas de otros territorios. De los casi 20 cortometrajes proyectados, un 44,5% lo han sido en relación al terrorismo etnicista de ETA o profundizando en la realidad de sus víctimas; otro 33,3 lo ha sido en relación a la temática yihadista, a través de múltiples enfoques (entre ellos el género); el fenómeno de la radicalización violenta (11,1%); o conflictos caracterizados con el agravante terrorista (norirlandes y/o emancipación postcolonial argelina) (11,1%), respectivamente. Todos ellos, han sido presentados por expertos en la materia, generando interesantes debates entre el público asistente, mayoritariamente universitario.

La finalidad del PID referido busca agrupar diversas actuaciones dirigidas a visibilizar y perpetuar la memoria de las víctimas, y contribuir a su dignificación y aspiración a la justicia del colectivo, inicialmente, en los grados y másteres jurídicos, abriéndose en el futuro a otras disciplinas. Diversas universidades, como Granada (centrada en los estudiante de Derecho Penal), Deusto (centrada en la formación docente), Burgos (elaboración de unidades didácticas), La Laguna (conferencias y talleres) vienen desarrollando iniciativas de innovación docente, pero no de un modo tan integral como el que ahora se propone, directamente vinculado a la educación cívica, conciencia social y espíritu crítico que debe despertar el paso por las aulas universitarias, en sintonía con las enseñanzas que se están materializando en los currículos de la educación obligatoria[18]. Donde la Comunitat Valenciana se ha mostrado como uno de los territorios más activos, fruto de la colaboración institucional y el liderazgo de la Fundación Broseta, en introducir en el sistema educativo el testimonio de las víctimas del terrorismo —incluso con antelación a la introducción de tales materiales didácticos en currículo posibilitado un pilotaje[19] extendido a más de 30

---

18 Cuestión abordada en las siguientes obras colectivas: Díaz Revorio, F.J. y Vidal Prado, C. (Eds), *Enseñar la Constitución, educar en Democracia.* Cizur Menor (Navarra), Thomson Reuters-Aranzadi, 2022; y Kühn A. PV y Graíno Ferrer, G. (Eds), *La educación cívica en España. Y en perspectiva internacional.* Madrid, Marcial Pons-Konrad Adenauer Stiftung, 2023. Sobre el alcance de la formación cívico-democrática, también pueden consultarse los recientes artículos de interés: Barrero Ortega, A., "Educación cívico-democrática y adoctrinamiento ideológico", *Revista Española de Derecho Constitucional,* 125,109-126 y Vidal Prado, C. "La educación cívica en la última reforma educativa: una (nueva) oportunidad perdida". *Anuario de Derecho Eclesiástico del Estado,* vol. XXXIX, 499-523.

19 El proyecto educativo "Memoria y Prevención del Terrorismo" consiste en la impartición de siete unidades didácticas para alumnos de 1º a 4º de la ESO y 1º y 2º de Bachiller; estando sus contenidos vinculados a las asignaturas de Historia, Filo-

centros de la red pública— o el impulso de un ciclo de cine y terrorismo que ya va por la sexta edición y en la que se da una amplia participación de estudiantes universitarios.

En el ámbito del Derecho Constitucional, el objetivo del PID es visibilizar a las víctimas en algunos momentos clave que se estudian de la cronología constitucional (aprobación del anteproyecto de Constitución[20]; referéndum de ratificación[21]...) y teniendo en cuenta las altas responsabilidades desempeñadas por alguna de ellas —como es el caso del expresidente del TC, Francisco Tomás y Valiente— en los órganos constitucionales del Estado.

Igualmente, puede resultar sugerente trasladar el modo en que el Constituyente asume que el vigente marco constitucional de los derechos fundamentales y libertades públicas debía protegerse, también, frente a posibles medidas "excepcionales" encaminadas a imprimir mayor eficacia a la lucha contra el terrorismo. Algunos autores (como Vírgala Foruria[22], Martínez

---

sofía-Ética y Psicología. Con antelación, gracias al programa "Educar en libertad" la Fundación Broseta llevó el testimonio de las víctimas a más de 50 centros de la red concertada, gracias a la colaboración con una de las principales patronales del sector (CECE).

20 En la mañana del 21 de julio de 1978, se produjo el atentado de ETA que marcaría la votación del Anteproyecto de Constitución española por 258 votos a favor, 14 abstenciones y 2 votos en contra. Unas horas antes de la votación, un comando de ETA flanqueaba un coche oficial del ejército en la calle Bristol de Madrid y asesinaba a tiros a dos militares, el general de Brigada Juan Manuel Sánchez Ramos-Izquierdo y su ayudante, José Antonio Pérez Rodríguez, teniente coronel. Sólo aquel año de 1978, el año de aprobación de la Constitución, la banda terrorista mató a 65 servidores públicos; recrudeciendo su actividad terrorista, durante los llamados "años de plomo", a medida que se avanzaba en la consolidación del sistema constitucional.

21 El mismo día del referéndum constitucional, ETA quiso hacerse presente a través del asesinato un día antes de tres policías en San Sebastián —en concreto, al comisario José María Sarrais Llasera, al subcomisario Gabriel Alonso Peregil y al agente Ángel Cruz Salcines—, la liberación del delegado (en funciones) del Ministerio de Educación y Ciencia en Guipúzcoa, José Javier Crespo Berisao, o el secuestro de una avioneta para difundir su terrorífico ideario.

22 Vírgala Foruria, E., "La suspensión de derechos por terrorismo en el ordenamiento español", *Revista Española de Derecho Constitucional*, 14, (1994), 61-132.

Vázquez[23] o Sánchez Ferriz[24]) han abordado el primer desarrollo legislativo del precepto constitucional (art. 55.2 CE)[25] que fue respuesta a la concreta amenaza terrorista, a partir de una fragmentaria "legislación antiterrorista" (1981[26], 1984[27], 1988[28], 1995[29], 2000[30], 2015[31]...) que alcanza todos los ámbitos del Derecho Penal[32], incluido la legislación de protección de las víctimas[33] que, pese al avance que representa, todavía debe ser mejorada para remediar la diferencia de trato en cuanto al resarcimiento y prestaciones estatales en función de la existencia o no de sentencia judicial.

---

23 Martínez Vázquez, F., "Cuarenta años de Constitución en la lucha contra el terrorismo", *Revista cuatrimestral de las Facultades de Derecho y Ciencias Económicas y Empresariales de Icade,* 104, (2018), 1-24.

24 Sánchez Ferriz, R., *Estudios sobre las libertades públicas en el ordenamiento constitucional español. La voz de la sociedad civil.* Valencia, Tirant lo Blanch, 2023, 341-362.

25 Sobre este particular, ver Fernández de Casadevante Mayordomo, P. J., *La defensa de la Constitución. El derecho de emergencia constitucional y el artículo 55 CE,* Pamplona, Thomson Reuters-Aranzadi, 2020.

26 A través de la derogada Ley Orgánica 2/1981, de 4 de mayo, que modifica y adiciona determinados artículos del Código Penal y el de Justicia Militar (más conocida como "Ley de Defensa de la Democracia").

27 La derogada Ley Orgánica 9/1984, de 26 de diciembre contra la actuación de bandas armadas y elementos terroristas y de desarrollo del artículo 55.2 de la Constitución.

28 Ley Orgánica 4/1988, de 25 de mayo, de Reforma de la Ley de Enjuiciamiento Criminal

29 Código Penal de la democracia (Ley Orgánica 10/1995, de 23 de noviembre).

30 Ley Orgánica 7/2000, de 22 de diciembre, de modificación de la Ley Orgánica 10/1995, de 23 de noviembre, del Código Penal, y de la Ley Orgánica 5/2000, de 12 de enero, reguladora de la Responsabilidad Penal de los Menores, en relación con los delitos de terrorismo.

31 Ley Orgánica 2/2015, de 30 de marzo, por la que se modifica la Ley Orgánica 10/1995, de 23 de noviembre, del Código Penal, en materia de delitos de terrorismo.

32 De la Cuesta Arzamendi, J.L., "Legislación antiterrorista en España" en Doucet, G. (dir.) *SOS Attentats. Terrorisme, victimes et responsabilité pénale internationale.* Paris, Calmann-Lévy, 2003, 197-289.

33 Ley 29/2011, de 22 de septiembre, de Reconocimiento y Protección Integral a las Víctimas del Terrorismo (BOE núm. 229, de 23 de septiembre de 2011). Sobre la legislación "protectora" de las víctimas y su evolución, puede consultarse Serranó, A. y Elósegui, E., *op. cit.* 33 y ss. O la obra pionera en este ámbito de Rodríguez Uribes, J.M., *Las víctimas del terrorismo en España.* Madrid: Dykinson, 2013.

La política antiterrorista, con el tiempo, dará nuevos desarrollos legislativos situados al margen del Derecho Penal, profusamente estudiados por nuestra disciplina[34]. La Ley Orgánica 6/2002, de 27 de julio[35], generará un amplio debate dotándonos de un potente instrumento para consolidar una democracia "militante"[36] a pesar del debate formal generado al respecto. Igualmente, la decisión contenida en la STC 62/2011[37] por la que se constataba que Bildu satisfacía las exigencias legales y constitucionales, fue no sólo un fallo ampliamente comentado por la doctrina[38] sino una ju-

---

34 Entre otros, cabe citar los estudios de Vírgala Foruria, E., "los partidos políticos ilícitos tras la LO 6/2002", *Teoría y Realidad Constitucional,* 10-11, (2003), 203 y 261; Fernández Segado, F. "Algunas reflexiones sobre la Ley Orgánica 6/2002, de Partidos Políticos, al hilo de su interpretación por el Tribunal Constitucional", *Revista de Estudios Políticos,* 125, (2004), 109-155; Álvarez Conde, E. y Català i Bas, A.H., *El derecho de Partidos.* Madrid, Colex, 2005; Corcuera Atienza, J., Tajadura Tejada, J. y Vírgala Foruria, E., *La ilegalización de partidos políticos en las democracias occidentales.* Dykinson, Madrid, 2008; Iglesias Bárez, M., *La ilegalización de los partidos en el Ordenamiento jurídico español,* Comares, Granada, 2008; Fernández de Casadevante Mayordomo, P. J., "La prohibición de formaciones políticas como mecanismo de defensa del Estado y el debilitamiento de dicha protección tras las polémicas decisiones sobre Bildu y Sortu", *Revista Europea de Derechos Fundamentales,* 26, (2015), 111-137; Fernández de Casadevante Mayordomo, P.J., *Son admisibles todos los proyectos en democracia? La izquierda nacionalista radical vasca: de su ilegalización a un discutible regreso a las instituciones públicas.* Valencia, Tirant lo Blanch, 2019; y Rosado Villaverde, C. y Arriola Echàniz, N. (Codirs.) y Delgado Ramos, D. y Gordillo Pérez, L. (Coords.). *La era de la fragmentación política. Una mirada retrospectiva de la Ley de partidos.* Sevilla, Athenaica, 2023.

35 BOE núm. 154, de 28 de junio de 2002.

36 Sobre este concepto me parece oportuno rescatar la obra de Torres del Moral, A., "Democracia militante", en Carrasco Durán, M., Pérez Royo, F.J., Urías Martínez, J., Terol Becerra, M. J. (Coords): *Derecho constitucional para el siglo XXI: actas del VIII Congreso Iberoamericano de Derecho Constitucional.* Pamplona: Thomson Reuters Aranzadi, 2006, 209-224.

37 Pleno. Sentencia 62/2011, de 5 de mayo de 2011. Recurso de amparo 2561-2011. Promovido por la coalición electoral Bildu-Eusko Alkartasuna (EA)/Alternatiba Eraikitzen frente a la sentencia de la Sala Especial del artículo 61 de la LOPJ del Tribunal Supremo sobre anulación de candidaturas para las elecciones locales y forales de 2011 (BOE núm. 124, de 25 de mayo de 2011, 94 a 144).

38 Vid. Iglesias Bárez, M., "«El caso Bildu»: continuidad y ruptura en la doctrina del Tribunal Constitucional sobre la ilegalización de formaciones políticas", *Teoría y Realidad Constitucional,* 28, (2011), 555-578; Vírgala Foruria, E., "Las sentencias del TS y del TC de mayo de 2011 sobre Bildu y las agrupaciones electorales", *Revista Española de Derecho Constitucional,* 93, (2011), 307-326; Garmendía Madariaga, A., "La disolución de formaciones políticas en España: el caso Sortu", *Revista Mexicana de Derecho Constitucional,* núm. 25, entre otros.

risprudencia que proyectaba importantes argumentos (*"La simple sospecha no puede constituirse en argumento jurídicamente aceptable para excluir a nadie del pleno ejercicio de su derecho fundamental de participación política"* o *"La pretensión de asegurar a ultranza, mediante controles preventivos, la seguridad del Estado constitucional pone muy en primer lugar en riesgo al propio Estado constitucional"*, entre otros) sobre los motivos para ilegalizar partidos. La denuncia de COVITE, formulada en las recientes elecciones municipales de 28 de mayo, sobre los integrantes de la candidatura de EH Bildu —8 con delitos de sangre y otros 37 por colaboración con la banda terrorista— sembrará la duda sobre la legalidad de unas listas, obligando a la izquierda abertzale a impedir que algunos de sus electos tomasen posesión de sus cargos. Un tema, también relacionado con las distintas iniciativas —que finalmente no han prosperado— para ilegalizar formaciones independentistas[39] que ha planteado la oposición política.

La derrota de ETA ha demostrado la superioridad "moral" del Estado de Derecho, a pesar de, paradójicamente, no se hayan fortalecido sus cimientos; lejos de ello, la cultura política que, durante años, ha amparado el radicalismo violento y veía a la Constitución como un "muro" que impedía la negociación política con el Estado, ha acabado por infiltrarse subrepticiamente en nuestro marco de convivencia, lo que plantea serias incógnitas de futuro.

En el ámbito penal, se han priorizado también una serie de objetivos. Mostrando la necesidad de modificar la Directiva Antiterrorista[40] que imposibilita que se puedan juzgar los delitos por enaltecimiento contemplados en nuestro ordenamiento jurídico, siendo este un tipo penal en disputa[41]. Mayormente, cuando el Congreso de los Diputados ha iniciado el camino para una reforma que despenalice el enaltecimiento al terroris-

---

39 *Boletín Oficial de las Cortes Generales*. Congreso de los Diputados (XV Legislatura). Serie B: Proposiciones de Ley, de 22 de enero de 2024, núm. 32-5, 1; y *Boletín Oficial de las Cortes Generales*. Congreso de los Diputados (XV Legislatura). Serie B: Proposiciones de Ley, 17 de noviembre de 2023 núm. 31-1, 1, respectivamente.

40 Directiva (UE) 2017/541, del Parlamento Europeo y del Consejo de 15 de marzo de 2017, relativa a la lucha contra el terrorismo y por la que se sustituye la Decisión marco 2002/475/JAI del Consejo y se modifica la Decisión 2005/671/JAI del Consejo (*Diario Oficial de la Unión Europea* L 88, de 31 de marzo de 2017, 6-21).

41 Vid. Rollnert Liern, G., "El enaltecimiento del terrorismo: desde el caso de Juana Chaos a César Strawberry. La recepción de la doctrina constitucional en la jurisprudencia del Tribunal Supremo", *Revista de Derecho Político*, 109, (2020), 191-227.

mo[42]. Por otro lado, hemos identificado una carencia formativa por cuanto hace al Derecho Penal Internacional, lo que podría justificar un refuerzo en dicho ámbito —aunque quizás esta acción venga referida más a los estudios de postgrado que de grado—. La consideración del terrorismo como un crimen de lesa humanidad —una tesis mantenida por un sector minoritario[43]—, en tanto que los atentados y conductas en cuestión reúnen los elementos exigidos por este crimen internacional al ser cometidas como parte de un ataque generalizado o sistemático contra una población civil y con conocimiento de dicho ataque, plantean a su vez numerosas problemáticas desde esta perspectiva jurídica (estudio de las autorías materiales, "intelectuales" e, incluso, "mediatas por dominio de la organización"[44], por poner sólo un ejemplo). Y que manifiestan su complejidad en algunas causas judiciales, como la que investiga el asesinato terrorista con coche bomba del juez del Tribunal Supremo, José Francisco de Querol y Lombardero, el 30 de octubre de 2000 y como consecuencia del cual fallecieron, también, su escolta (Jesús Escudero García), su chófer (Armando Medina Sánchez) y un conductor de autobús de la EMT (Jesús Sánchez Martínez) y donde se intenta demostrar que los integrantes del comando *Buruahuste* cumplían órdenes directas del Comité Ejecutivo de ETA, gracias entre otros a la acción de la Asociación *Dignidad y Justicia*[45]. Organización que

---

42 A través de la Proposición de Ley Orgánica de reforma de la Ley Orgánica 10/1995, de 23 de noviembre, del Código Penal para la protección de la libertad de expresión (*Boletín Oficial de las Cortes Generales*. Congreso de los Diputados (XV Legislatura). Serie B, núm. 19. 1, de 29 de septiembre de 2023, 1-9, impulsada por el Grupo Parlamentario Plurinacional SUMAR.

43 Fernández de Casadevante Romaní, C., "Terrorismo y crímenes de lesa humanidad en la jurisprudencia de la Audiencia Nacional relativa a la organización terrorista nacionalista ETA", *Revista Europea de Derechos Fundamentales*, 30, (2017), 49-93.

44 La autoría mediata a través del empleo de aparatos organizados de poder, denominada resumidamente como "dominio de la organización", constituye en la actualidad un tema básico de la discusión en la teoría penal de la autoría y su contribución teórica se debe al catedrático (emérito) de la Universidad de Múnich, Claus Roxin. Dicha tesis, planteada en diversas publicaciones anteriores, aparece sintetizada en la publicación Roxin, C., "Dirección de la organización como autoría mediata", *Anuario de Derecho Penal y Ciencias Penales*, Vol. LXII, (2009), 1-15, donde se traduce su *lectio magistralis* en la Facultad de Derecho de la Universidad Andrés Bello de Chile, los días 22 y 23 de setiembre de 2009 en Santiago y Viña del Mar, respectivamente, en el marco del ciclo de conferencias organizado con motivo del otorgamiento del título de doctor honoris causa en dicha universidad.

45 *Dignidad y Justicia* ha sido pionera en interesarse por los crímenes sin resolver de ETA y punta de lanza en el primer estudio sobre esta materia publicado en 2010.

está favoreciendo la implicación de estudiantes de postgrado en este tipo de debates y acciones.

En el ámbito de la Filosofía del Derecho, para fundamentar los valores que impulsan los derechos que asisten a las víctimas del terrorismo[46] y, particularmente, algunos aspectos o dimensiones de tales conceptos. En concreto, la solidaridad, como valor central, o incluso la noción de reconocimiento jurídico, que supone la dignificación ética y política de las personas y familias que han padecido el azote terrorista y que gozan de centralidad en estos.

III. ¿EN QUÉ CONSISTE EL PLAN DE INNOVACIÓN DOCENTE "CIUDADANÍA ACTIVA POR LA MEMORIA Y LA JUSTICIA" (DE LAS VÍCTIMAS DEL TERRORISMO) DE LA UNIVERSITAT DE VALÈNCIA?

1. *Aspectos básicos*

El plan de innovación docente de carácter "emergente", impulsado desde la Facultad de Derecho de la Universitat de València, es un proyecto en el que participan 11 profesores[47] de diversas disciplinas jurídicas, in-

---

De hecho, gracias al trabajo de la llamada Comisión de Justicia; coordinado desde la Fundación de Víctimas del Terrorismo, se logró elaborar un primer informe sobre los casos sin resolver de ETA en 2011. Dicha publicación ha visto recientemente la luz bajo el título Portero de la Torre, Daniel y Valentí Cotoval, Víctor (Dirs.). *379 los crimenes de ETA sin resolver.* Sinderesis, Madrid, 2022. Tarea que se ha visto, recientemente, complementada por la investigación de Domínguez Iribarren, Florencio y Jiménez Ramos, Maria. *op. cit.* O en clave audiovisual, el documental "Contra la impunidad" (2022) de Iñaki Arteta, sobre los 324 asesinatos sin revolver de la banda armada en sus 50 años de existencia.

46 Vid. Rodríguez Uribes, J. M., *Las víctimas del terrorismo en España.* Madrid, Dykinson, 2013; y Pulgar Gutiérrez, Mª. B., *Víctimas del terrorismo. 1968-2004.* Madrid, Dykinson-Fundación Víctimas del Terrorismo, 2004.

47 Integran el equipo docente del PID los siguientes miembros: M. Vivancos Comes, profesor de Derecho Constitucional (UV) (coord.); Vicente Garrido Mayol, catedrático de Derecho Constitucional (UV); Margarita Roig Torres, catedrática de Derecho Penal (UV); Paloma Durán Lalaguna, catedrática de Filosofía del Derecho (UJI); Göran Rollnert Liern, catedrático de Derecho Constitucional (UV); Felix Crespo Hellín, profesor Titular de Derecho Constitucional (UV); Aleixandre Català i Bas, profesor Titular de Derecho Constitucional (UV); Lucía Aparicio Chofré, Profesora Ayudante Doctora de Filosofía del Derecho (UV); Ferran

cluyendo el Derecho Constitucional, el Derecho Penal y la Filosofía del Derecho. Estos profesores pertenecen a diferentes categorías docentes y cuentan con una destacada trayectoria en el campo en el que se enmarca el proyecto. Algunos de los miembros del equipo desempeñan responsabilidades importantes en la Fundación de Víctimas del Terrorismo y en la mencionada Fundación Broseta, además de contar con publicaciones específicas[48] en dicho ámbito.

La inclusión inicial de siete titulaciones[49] y un total de 14 asignaturas[50] diferentes le otorga un potencial de acceso significativo. Esto podría beneficiar, aproximadamente, a cerca de 700 estudiantes en el primer año de implementación; específicamente a aquellos matriculados en los programas de grados jurídicos de la Facultad de Derecho de la Universitat de València. Conforme la experiencia se consolide, existe la posibilidad de ampliar este enfoque a los diversos programas de máster y estudios de doctorado ofertados por dicha institución.

García i Mengual, Profesor Visitante de Derecho Constitucional (UCV) y letrado en Les Corts Valencianes; Alberto Baixauli Fernández, Profesor Asociado de Derecho Penal (UV) y abogado; y Enrique Fliquete Lliso, Profesor Asociado de Derecho Constitucional (UV) y vicepresidente del Consell Juridic Consultiu de la Comunitat Valenciana (CJCCV).

48 Vid. Català i Bas, A. H. (Dir.), *El reconocimiento de las víctimas del terrorismo a través de la legislación y la jurisprudencia*. Fundación Broseta-Ministerio del Interior, 2013; Vivancos Comes M. "Universidad como espacio de memoria: una experiencia de innovación docente centrada en las víctimas del terrorismo y su protección jurídica" en Castellanos Claramunt, J. (dir.) *Retos y posibilidades de la docencia universitaria desde la perspectiva jurídica*. Madrid, Dykinson, 2023, 44-66.

49 Grados Jurídicos de Derecho y Criminología, así como los Dobles Grados de ADE-Derecho, Derecho-Criminología y Derecho-Económicas, respectivamente. Además de su aplicación parcial a grados como Ciencias Políticas o, incluso, la doble titulación Derecho-Ciencias Políticas.

50 En cuanto a las asignaturas a los que sería de aplicación dicho plan docente serían las siguientes: Grado en Derecho. 35199 Derecho Constitucional I ((9 créds. ECTS) 35206 Instituciones jurídicas de la UE (6 créds. ECTS) 35215 Derecho Penal I (9 creds. ECTS) 35216 Derecho Penal II (7,5 creds. ECTS) 35218 Derecho Constitucional II (7,5 creds. ECTS) 35227 Filosofía del Derecho (4,5 creds. ECTS) 35228 Prácticum (10,5 creds. ECTS) 35229 Trabajo de Fin de Grado (6 créds. ECTS). En los itinerarios: 35244 Derecho Constitucional Comparado (4,5 creds. ECTS), Teoría de la Democracia (4,5 creds. ECTS), Derecho Internacional Humanitario (4,5 creds. ECTS), 35258 Derechos Humanos (4,5 creds. ECTS), 35270 Derecho Penitenciario (6 creds. ECTS).

2. *Líneas estratégicas y objetivos planteados*

Este plan tiene como objetivo abordar la problemática de las víctimas del terrorismo desde una perspectiva jurídica, incorporando entidades no lucrativas y haciendo uso de las Tecnologías de la Información y la Comunicación (TIC) como herramientas didácticas.

Se busca promover una comprensión integral de esta problemática, incluyendo la resolución de casos pendientes y la eliminación de discriminaciones en la indemnización y responsabilidad civil. Llegados a este punto, cabe destacar que una de las tareas pendientes de la democracia española es hacer justicia en los 312 asesinatos todavía por esclarecer, y que todavía no tienen condena. Incumpliéndose uno de los valores superiores consagrados en el texto fundamental e introduciendo, también, una discriminación odiosa entre los afectados en cuanto a la indemnización por parte del Estado y la responsabilidad civil que le corresponde a las familias afectadas.

Igualmente, fomentar la reflexión crítica sobre la protección de los derechos de las víctimas del terrorismo y las obligaciones contraídas por el Estado; incluyendo aspectos como "el derecho a la verdad como un elemento esencial del derecho a la justicia que todo Estado de Derecho debe garantizar a sus víctimas", buscando completar la evidencia reflejada en las resoluciones judiciales con la verdad de los hechos históricos[51]; al tiempo que se preserva su memoria (individual y colectiva) como un compromiso irrenunciable de la Nación española en su conjunto.

El plan también busca potenciar el uso de metodologías innovadoras y participativas en el aprendizaje, facilitando testimonios directos[52] y pro-

---

[51] Ladrón de Guevara Pascual, C., *El derecho a la verdad de las víctimas del terrorismo.* Secretaría General de Derechos Humanos, Convivencia y Cooperación-Gobierno vasco, Vitoria-Gastéiz, 2018, p. 4 Puede consultarse en la siguiente dirección web: https://www.euskadi.eus/contenidos/informacion/documentos_paz_convivencia/es_def/adjuntos/Derecho-a-la-verdad.pdf

[52] En la página web https://www.memorialvt.com/video-testimonios/ pueden consultarse algunos de los video-testimonios de las víctimas educadoras que han servido de apoyo audiovisual a los testimonios en el aula y que han sido elaborados por el Centro Memorial a partir de una común secuencia: "quién era la víctima (o quién es, si es un superviviente), cómo sucedió el atentado y cuál es el mensaje que se quiere dejar a los más jóvenes sobre la experiencia vivida".
Algunas producciones audiovisuales de indudable interés, como el documental de Netflix "11M", sobre el mayor atentado yihadista en Europa; dirigido por el mexicano José Gómez, fruto de una exhaustiva investigación de más de una década motivada por la profunda división que produjo en el mundo asociativo de las víctimas,

ducciones audiovisuales que humanicen a las víctimas. Se espera que esto ayude a los estudiantes a entender mejor la magnitud del daño causado[53] y las consecuencias jurídicas asociadas, así como a prevenir la radicalización y deslegitimar el uso de la violencia en política.

Además, se propone desarrollar habilidades y competencias transversales en los estudiantes, como el pensamiento crítico y la empatía, para que puedan abordar la problemática desde una perspectiva multidisciplinaria y empática. Asimismo, se busca fomentar la innovación docente en el ámbito universitario, integrando la temática de las víctimas del terrorismo en diversos trabajos y actividades académicas.

Finalmente, se plantea ofrecer una enseñanza innovadora mediante la creación de materiales didácticos como unidades virtuales, píldoras formativas audiovisuales e infografías, con el fin de enriquecer la experiencia de aprendizaje de los estudiantes.

3. Acciones que vehiculizan el plan

Las acciones que concretan el plan de trabajo abordan diversas áreas destinadas a mejorar la enseñanza y comprensión de los desafíos jurídicos y sociales asociados a las víctimas del terrorismo. Estas acciones incluyen:

I. Actualización del contenido curricular: Se propone revisar y actualizar el contenido del plan de estudios de las titulaciones jurídicas para garantizar la inclusión de conceptos relevantes y casos de estudio relacionados con las víctimas del terrorismo. Esto implica

---

reflejo del profundo impacto que tuvo en la sociedad española. Además del testimonio de las víctimas, el documental se basa en la investigación del politólogo e investigador principal del Real Instituto Elcano Reinares Nestares, F., *11-M. La venganza de AlQaeda.* Galaxia Editorial, Santiago de Compostela, 2018. A la que habían precedido otras publicaciones de interés: *¡Matadlos! Quién estuvo detrás del 11-M y por qué se atentó en España.* Galaxia Gutenberg, Madrid, 2014 y *Al Qaeda's Revenge. The 2004 Madrid Train Bombings.* Columbia University Press, Nueva York, 2017.

53 Resulta de gran utilidad para visibilizar este objetivo el libro colectivo Fernández Soldevilla, G. y Jiménez Ramos, M. (Coords), 1980. *El terrorismo contra la Transición.* Tecnos, Madrid, 2020. Una obra multidisciplinar donde un conjunto de especialistas de distintas universidades españolas analiza con detalle la violencia terrorista desatada en 1980, la anualidad más singular de los llamados "años de plomo". Una publicación indispensable para que las nuevas generaciones de españoles comprendan un periodo especialmente complejo en el que la Transición política a la democracia estaba dando sus primeros pasos.

considerar aspectos legales como los derechos humanos, la justicia transicional y la reparación.

II. Elaboración de unidades didácticas específicas: Se plantea la creación de unidades didácticas centradas en problemáticas jurídicas vinculadas a las víctimas del terrorismo, con el objetivo de brindar una comprensión más profunda de su realidad.

III. Invitación a expertos y realización de talleres: Se sugiere organizar charlas y conferencias con expertos en derechos de las víctimas, así como talleres dentro del ámbito de las actividades complementarias, para ofrecer a los estudiantes diversas perspectivas sobre el tema. Existen numerosos ejemplos válidos, muchos de ellos de reciente publicación, que servirán a los propósitos planteados[54].

---

[54] Entre las novedades editoriales más destacadas, cabe señalar las siguientes obras: a) Serranò, A., *Las Víctimas del Terrorismo: De la Invisibilidad a los Derechos.* Thomson Reuters-Aranzadi, Cizur Menor (Navarra), 2018. Obra en la que se hace un recorrido a través de la conquista de derechos de las víctimas a partir de su invisibilidad inicial. La aportación de la profesora Serranò representa uno de los primeros intentos por remediar una situación de desinterés por el universo de las víctimas del terrorismo, constituyendo una de las aportaciones más destacadas al estudio de sus derechos en el marco español y europeo. b) Ladrón de Guevara Pascual, C., *Avances y carencias en la protección jurídica a las víctimas del terrorismo.* Editorial Colex, A Coruña, 2021. Monografía que profundiza en el marco normativo específico de protección multinivel a las víctimas del terrorismo, sus avances y sus carencias. En este sentido la experiencia profesional de la autora como miembro del departamento jurídico de la Asociación Víctimas del Terrorismo le otorga un carácter eminentemente práctico, analizando los avances registrados en los últimos años en la protección jurídica a las víctimas del terrorismo, detectando también algunas posibilidades de mejora y perfeccionamiento. c) López Romo, R., *Sobre el olvidado terrorismo vasco.* Betagarri Liburuak, Vitoria-Gastéiz, 2023. Monografía reciente que, de la mano del director del proyecto educativo del Centro Memorial, busca reescribir las páginas de la historia reciente de Euskadi edificada sobre un falso conflicto entre bandos "equiparables", olvidándose de que unos fueron víctimas y otros victimarios. El autor tiene tras de sí una producción destacada, en la que cabe destacar otras obras imprescindibles: López Romo, R., *Informe Foronda: los efectos del terrorismo en la sociedad vasca.* La Catarata, Madrid, 2015, donde profundiza en las cuatro décadas de violencia (1968-2010) ejercidas por la banda terrorista ETA partir de la consideración de las víctimas del terrorismo y su movimiento asociativo; y López Romo, R., *Memorias del Terrorismo en España.* La Catarata, Madrid, 2018, publicación que reúne las historias de 65 personas que han vivido muy de cerca los distintos tipos de terrorismo que han atentado en España (nacionalista radical, ultraderecha, extrema izquierda y yihadista). d) Fernández Soldevilla, G.,

IV. Realización de talleres y seminarios específicos: Se procurará la presencia de miembros de la judicatura especializada (magistrados de la Audiencia Nacional, órgano encargado del enjuiciamiento de los delitos cometidos por bandas armadas y grupos terroristas), Fuerzas y Cuerpos de Seguridad del Estado e, incluso, organizaciones memorialísticas (entre las cuáles sin duda destaca el Centro Memorial[55] que, desde este mismo año, cuenta con una nueva sede en la capital de España que contará con un área especializada en investigación y divulgación). Se propone la organización de eventos que aborden temas como la interrelación entre terrorismo y universidad[56], la política pe-

---

Violencia, silencio y resistencia. ETA y la Universidad (1959-2011). Tecnos, Madrid, 2023. Donde se aborda un fenómeno que hasta ahora no había sido estudiado de forma tan completa como es la reacción del mundo universitario contra ETA. e) Domínguez Iribarren, F. y Jiménez Ramos, M. *Sin Justicia. Más de 300 asesinatos de ETA sin resolver.* Barcelona, Espasa, 2023. Una publicación definitiva para calibrar una de las asignaturas pendientes de la democracia española: los 312 crímenes sin resolver de la banda terrorista ETA, de los cuáles 236 se perpetraron en la etapa más violenta (1977-1989) y 255 fueron cometidos en el País Vasco.

55 Este Centro cumple con el mandato de la Ley de Reconocimiento y Protección Integral de las Víctimas del Terrorismo, aprobada por amplio consenso parlamentario en 2011. Dicha norma preveía la creación de un Centro Nacional para la Memoria de las Víctimas del Terrorismo con sede en el País Vasco, con el objetivo de "preservar y difundir los valores democráticos y éticos que encarnan las víctimas del terrorismo, construir la memoria colectiva de las víctimas y concienciar al conjunto de la población para la defensa de la libertad y de los derechos humanos y contra el terrorismo". Constituido como una fundación del sector público estatal, adscrita al Ministerio del Interior, el Centro dispone de un órgano de gobierno que integra, tanto a representantes del Gobierno de España como de las comunidades autónomas, las Cortes Generales, el Ayuntamiento de Vitoria-Gasteiz y de las víctimas del terrorismo. El presidente de honor de la Fundación es SM El Rey Felipe VI y el Patronato, de 21 miembros, está presidido por el presidente del Gobierno.
Además, como cauce para la participación de las víctimas, los estatutos aprobados contemplan la creación de un Consejo Asesor de Víctimas del Terrorismo, con funciones de propuesta y asesoramiento.

56 Una reciente publicación de interés es la de Escauriaza Escudero, A., *Violencia, silencio y resistencia. ETA y la Universidad (1959-2011).* Tecnos, Madrid, 2022, fruto de su investigación doctoral. Se trata de la primera investigación dirigida a esclarecer la presencia de ETA en el mundo universitario y rememorar los principales hitos en los ataques de la banda criminal a la comunidad universitaria desde su fundación a finales de los años 50 del pasado siglo.

nitenciaria[57] y otros aspectos relevantes para ampliar el conocimiento de los estudiantes.

V. Integración de estudios de caso: Se plantea la inclusión de estudios de caso relacionados con las víctimas del terrorismo en la enseñanza, con el fin de analizar los desafíos legales y éticos que enfrentan. Algunas universidades (País Vasco y Barcelona) y/o organizaciones como *Dignidad y Justicia*[58], han generado espacios de colaboración universitaria para ayudar en las causas pendientes contra ETA, pudiendo servir como modelo para el propósito que nos guía.

VI. Uso de tecnología: Se sugiere utilizar herramientas tecnológicas innovadoras para enriquecer el proceso de enseñanza-aprendizaje, como simulaciones interactivas y recursos multimedia[59].

VII. Fomento de prácticas y pasantías: Se propone promover la participación de los estudiantes en prácticas y pasantías en organizaciones

---

57 Ver Rivera Blanco, A. y Mateo Santamaría, E. (Eds.), *Víctimas y política penitenciaria. Claves, experiencias y retos de futuro*. La Catarata, Madrid, 2019.

58 Esta asociación publicó un interesante Estudio sobre los derechos de las víctimas de ETA y su situación actual trasladado en 2016 a un órgano de relevancia constitucional como el Defensor del Pueblo (disponible en la siguiente dirección web: https://www.defensordelpueblo.es/wp-content/uploads/2016/12/VictimasETA.pdf) y con gran protagonismo en lograr la imprescriptibilidad de alguno de los crímenes más terribles (asesinato de Miguel Ángel Blanco) perpetrados por la banda terrorista ETA, logrando juzgar a su cúpula por la autoría intelectual de algunos crímenes todavía no esclarecidos.

59 Presentación de documentales sobre víctimas del terrorismo, como el Documental-Experimental "Una familia vasca, historia de los Baglietto" dirigido por Fernando Hernández Calvo en 2023 por encargo de la Fundación Miguel Ángel Blanco; o, incluso, los documentales del director bilbaíno Iñaki Arteta, último premio Convivencia de la Fundación Broseta quien lleva más de 20 años testimoniando a las víctimas del terrorismo y denunciando su olvido. Desde su célebre "Sin libertad" (2001) —mediometraje galardonado en Nueva York y Hollywood— hasta el más reciente "Sin libertad, 20 años después" (2023) donde participan cinco jóvenes estudiantes de periodismo de la Universidad del País Vasco (UPV/EHU) para entrevistar a las víctimas de ETA que, dos décadas atrás protagonizaron la pieza audiovisual citada. El autor ha realizado el vídeo conmemorativo del 30 Aniversario sobre el profesor Manuel Broseta (https://www.fundacionbroseta.org/videos/en) presentado en Valencia el 6 de junio de 2022 y quien a través del "crowdfunding" ha venido financiando alguna de sus más célebres producciones, como "1980. España bajo el terror de ETA" (2014), entre otras.

"activistas" en favor de los derechos de las víctimas del terrorismo, para brindarles una experiencia práctica relevante.

VIII. Promoción de la investigación y proyectos: Se plantea alentar a los estudiantes a desarrollar proyectos de investigación sobre temas relevantes en el ámbito de las víctimas del terrorismo, para profundizar en áreas específicas de estudio.

IX. Colaboración interdisciplinaria: Se propone fomentar la colaboración entre diferentes disciplinas para abordar de manera integral los desafíos que enfrentan las víctimas del terrorismo.

X. Diseño de programas de formación: Se sugiere diseñar programas de formación dirigidos a profesionales jurídicos y del ámbito educativo interesados en la problemática objeto del plan.

XI. Establecimiento de mecanismos de retroalimentación: Se destaca la importancia de establecer mecanismos de evaluación efectivos para medir el impacto del plan y recopilar retroalimentación de los estudiantes, con el fin de identificar áreas de mejora. Sería interesante también utilizar dicha información para valorar el avance en los conocimientos básicos de los estudiantes en la realidad que afecta a las víctimas, sobre las que existe un gran desconocimiento[60].

4. Beneficios pretendidos en el proceso de enseñanza-aprendizaje

El plan proyectado puede aportar importantes beneficios al proceso de enseñanza-aprendizaje. A continuación, queremos detenernos en alguno de los más destacados.

A) Sensibilización y conciencia: Este tipo de plan educativo puede ayudar a sensibilizar a los estudiantes sobre la realidad y las terribles conse-

---

[60] Según un estudio de GAD3 titulado "Estudio El Desafío: ETA. La memoria de un país" (2020) realizado ante el estreno de la serie del mismo título a una muestra de más de 1.200 jóvenes españoles entrevistados, 8 de cada 10 jóvenes desconoce los orígenes de ETA y más de la mitad ignoran qué sucedió en el atentado de Hipercor. Asimismo, 6 de cada diez no saben quién fue Miguel Ángel Blanco y el 80% lo desconocen todo de figuras tan emblemáticas como Ernest Lluch, Francisco Tomás y Valiente o Manuel Broseta.
Disponible en la siguiente dirección web: https://www.gad3.com/solo-cuatro-de-cada-10-jovenes-saben-identificar-a-miguel-angel-blanco/

cuencias del terrorismo en el advenimiento democrático español y, en particular, en el proceso de aprobación y desarrollo del régimen constitucional vigente; así como las mejoras de las que es susceptible tanto el sistema de reconocimiento y protección integral a las víctimas, como el estatuto jurídico de éstas en el ámbito multinacional. Esto fomenta la empatía y la comprensión hacia los afectados por el terrorismo que han renunciado a ejercer cualquier tipo de violencia contra sus victimarios y ayuda a tener una visón de amplio recorrido sobre las reformas necesarias que se proyectan sobre el marco legal vigente (falta equidad en la indemnización en función de si hay o no sentencia judicial; dificultades para acreditar la condición de víctima; conveniencia de profundizar en la aplicación del concepto jurídico de crimen de lesa humanidad al terrorismo de ETA; o los homenajes públicos a ETA[61] que han ido en aumento en los últimos tres años, entre otros[62]). Una idea, compartida por los miembros de esta comunidad de aprendizaje, es la realización ex ante y ex post de una encuesta que pueda reflejar el grado de sensibilización y conocimiento de los estudiantes que hayan pasado por el programa, a partir de las experiencias previas que han sido reflejadas en el presente capítulo.

B) Análisis crítico y reflexión: Al abordar la problemática jurídica relacionada con las víctimas del terrorismo, los estudiantes pueden desarrollar habilidades de análisis crítico y reflexión sobre cuestiones legales complejas. Esto implica el examen del marco (estatal y autonómico) legal vigente[63], identificar propuestas de reforma, a partir de los planteamientos doc-

---

61 Tres entidades (Fundación Fernando Buesa Blanco, COVITE y Gogoan, por una memoria digna) han reivindicado que cese, por ejemplo, la reivindicación del 'Gudari Eguna' ("Día del Gudari"), una legitimación explícita de la violencia ejercida por ETA y una exaltación de sus perpetradores incompatible con la paz y la convivencia, además de prohibida por la ley. Desde 2016, Covite ha venido impulsando el Observatorio de la Radicalización, a través del cual contabiliza y denuncia los denominados "ongi etorri" (traducido como marchas de bienvenida) a los excarcelados de ETA; a quiénes se recibe con los honores que sistemáticamente niega la izquierda abertzale a las víctimas en los municipios que gobierna. Gracias a su actuación se han podido frenar decenas de homenajes a terroristas.

62 Sobre este particular, resulta de especial interés Heredero Ortiz de la Tabla, Luis (2020) "Propuestas para una reforma legal del sistema de reconocimiento y protección integral a las víctimas del terrorismo". Revista de Derechos Humanos, 3, 157-180.

63 Por lo que hace a la realidad española, la Ley 29/2011, de 22 de septiembre, de Reconocimiento y Protección Integral a las Víctimas del Terrorismo (BOE núm. núm. 229, de 23 de septiembre de 2011, págs. 100566-100592). Por su parte, la

trinales[64] y asociativos más destacados. C) Interdisciplinariedad: El estudio de la problemática jurídica de las víctimas del terrorismo no se limita solo al ámbito jurídico, aunque este sea el ámbito disciplinar fundamental donde se desarrolla el proyecto. También, involucra aspectos relacionados con los derechos humanos, la historia de la España contemporánea España, la psicología, la sociología y otras disciplinas. Un plan de innovación docente puede fomentar la interdisciplinariedad, promoviendo la colaboración entre diferentes áreas de conocimiento y enriqueciendo la perspectiva de los estudiantes. D) Participación activa: Este tipo de plan puede fomentar la participación activa de los estudiantes a través de debates, trabajos de investigación (grado o máster), proyectos interdisciplinares o, incluso, diversas actividades prácticas. Posibilitándose su involucración de manera más profunda con los contenidos apuntados, desarrollando habilidades de pensamiento crítico, resolución de problemas y trabajo en equipo. E) Proyección y apertura social: Al abordar una problemática relevante como el terrorismo y el tratamiento jurídico de sus víctimas, se establece una conexión entre la universidad y la sociedad. Los estudiantes pueden comprender la importancia de su formación académica en la resolución de problemáticas sociales graves y contribuir al desarrollo de soluciones o propuestas de políticas públicas específicas. F) Empoderamiento de las víctimas: Al estudiar y comprender la dimensión jurídica del sistema de protección y reconocimiento de las víctimas del terrorismo, los estudiantes pueden contribuir a su empoderamiento. Esto implica identificar y profundizar en los derechos que les asisten, los recursos legales de los que se

---

legislación valenciana de protección de las víctimas se concreta, básicamente, en la Ley 1/2004, de 24 de mayo, de ayuda a las víctimas del terrorismo (DOCV núm. 4762, de 27 de mayo de 2004, págs. 13445-13451; y BOE núm. 157, de 30 de junio de 2004, págs. 24014-24018), que ha sido modificada en 2006 y 2009, respectivamente. Para una visión más amplia del marco jurídico vigente puede consultarse la siguiente dirección web: https://www.interior.gob.es/opencms/pdf/archivos-y-documentacion/documentacion-y-publicaciones/publicaciones-descargables/victimas-del-terrorismo/Reconocimiento_y_proteccion_integral_victimas_terrorismo_Espana_126151147.pdf

64 Con carácter general, cabe destacar las siguientes aportaciones doctrinales Català i Bas, A., op. cit.; Rodríguez Uribes, J.M. (2012), "Sobre la Ley 28/2011, de 22 de septiembre, de reconocimiento y protección integral a las víctimas del terrorismo". *Asamblea: revista parlamentaria de la Asamblea de Madrid*, 27, 63-84; Rodríguez Uribes, J.M., Las víctimas del terrorismo en España. Dykinson, Madrid, 2013; Roca de Agapito, L., (2012) "Análisis del nuevo régimen jurídico-económico de las víctimas del terrorismo", *Diario la Ley*, 7776, de 16 de enero, 1-2.

dispone, así como promover la acción de la justicia restaurativa para el caso concreto e individualizado.

En resumen, un plan de innovación docente centrado en las víctimas del terrorismo y su problemática jurídica en el ámbito universitario puede promover la sensibilización, el análisis crítico, la interdisciplinariedad, la participación activa, la vinculación con la sociedad y el empoderamiento de las víctimas. Tales contribuciones enriquecen el proceso de enseñanza-aprendizaje y posibilitan la formación superior de los estudiantes como profesionales más conscientes, éticos y comprometidos con la sociedad española. Asimismo, los estudiantes universitarios de los grados jurídicos de la Universitat de Valencia podrán ver favorecidas diversas competencias, tales como: *Conocimientos jurídicos especializados; Análisis y argumentación jurídica; Pensamiento crítico y reflexión ética; Resolución de problemas legales complejos; Comunicación jurídica efectiva; trabajo en equipo y colaboración; y Conciencia social y compromiso*, entre otras.

CONCLUSIONES

El análisis exhaustivo del texto revela varios aspectos importantes sobre la integración de la memoria de las víctimas del terrorismo en el ámbito universitario español, así como los esfuerzos para promover la sensibilización y el entendimiento de esta problemática en el ámbito universitario desde distintas disciplinas jurídicas, entre ellas la constitucional.

En primer lugar, se destaca el progreso significativo realizado en las últimas décadas, donde las universidades españolas han comenzado a adoptar herramientas específicas para vehiculizar la memoria de las víctimas del terrorismo en el espacio universitario. Este avance es especialmente notable en algunos territorios, como el País Vasco y Navarra, donde tempranamente se implementaron programas y acciones dirigidas tanto a honrar la memoria de las víctimas, como a proporcionar testimonios directos en el ámbito educativo. La experiencia valenciana que ha sido pionera en la introducción de tales materias en el currículo de la educación obligatoria y postobligatoria, también, tiene que ser destacada; especialmente a través de la actuación de la Fundación Broseta que ha permitido dar visibilidad a las víctimas y su problemática jurídica en las distintas universidades valencianas, a través de la colaboración institucionalizada.

Además, se evidencia la importancia de las iniciativas interdisciplinarias y la colaboración entre instituciones académicas y organizaciones no gubernamentales en la promoción de la justicia "restaurativa" y el reconocimiento de los derechos de las víctimas del terrorismo. Estas acciones van más allá de la mera transmisión de conocimientos académicos, buscando también fomentar la empatía, el pensamiento crítico y la participación activa de los estudiantes en la resolución de problemáticas sociales complejas como a la que nos enfrentamos.

El Plan de Innovación Docente "Ciudadanía Activa por la Memoria y la Justicia" de la Universitat de València destaca como un ejemplo "pionero" y de integralidad para encauzar las iniciativas que se han venido desarrollando los últimos años desde una perspectiva académica. Este plan, se propone no solo actualizar el contenido curricular y desarrollar nuevas metodologías de enseñanza/aprendizaje, sino también promover la investigación del PDI y la participación activa de los estudiantes en actividades que tengan que ver con esta temática.

Por último, el presente capítulo ofrece una visión amplia y detallada de las iniciativas llevadas a cabo en el ámbito universitario español para integrar la memoria de las víctimas del terrorismo, destacando su importancia en la formación de una ciudadanía consciente, ética y comprometida con el valor de la justicia y los Derechos Humanos.

BIBLIOGRAFÍA

ÁLVAREZ CONDE, E. y CATALÀ I BAS, A.H., *El derecho de Partidos.* Madrid, Colex, 2005

ARANGUREN-JUARISTI, O.; APAOLAZA-LLORENTE, D.; ECHEBERRÍA ARQUERO, B.; y VICENT, N. (2020). "Testimonios de víctimas en el módulo educativo Adi-adian. Una mirada desde la didáctica de las Ciencias Sociales", *Revista de Investigación e Innovación Educativa,* 101, 15-23

BARRERO ORTEGA, A., "Educación cívico-democrática y adoctrinamiento ideológico", *Revista Española de Derecho Constitucional,* 125, (2022), 109-126.

BILBAO UBILLOS, J Mª. "Libertad versus seguridad" en Álvarez Vélez, Mª I. y Vidal Prado, C. (Coords.), *La Constitución Española: 1978-2018.*). Madrid, Lefebvre, 2018, 447-486.

CATALÀ I BAS, A.H. (Dir.), *El reconocimiento de las víctimas del terrorismo a través de la legislación y la jurisprudencia.* Valencia, Fundación Broseta-Ministerio del Interior, 2013.

CORCUERA ATIENZA, J., TAJADURA TEJADA, J. y VÍRGALA FORURIA, E., *La ilegalización de partidos políticos en las democracias occidentales.* Madrid, Dykinson, 2008.

DE LA CUESTA ARZAMENDI, J.L., "Legislación antiterrorista en España" en Doucet, G. (dir.) *SOS Attentats. Terrorisme, victimes et responsabilité pénale internationale.* Paris, Calmann-Lévy, 2003, 197-289.

DÍAZ REVORIO, F.J. y VIDAL PRADO, C. (Eds), *Enseñar la Constitución, educar en Democracia.* Cizur Menor (Navarra), Thomson Reuters-Aranzadi, 2022.

DOMÍNGUEZ IRIBARREN, F. y JIMÉNEZ RAMOS, M. *Sin Justicia. Más de 300 asesinatos de ETA sin resolver.* Barcelona, Espasa, 2023.

FERNÁNDEZ DE CASADEVANTE MAYORDOMO, P. J., *Son admisibles todos los proyectos en democacia? La izquierda nacionalista radical vasca: de su ilegalización a un discutible regreso a las instituciones públicas.* Valencia, Tirant lo Blanch, 2019.

– "La prohibición de formaciones políticas como mecanismo de defensa del Estado y el debilitamiento de dicha protección tras las polémicas decisiones sobre Bildu y Sortu", *Revista Europea de Derechos Fundamentales,* 26, (2015), 111-137

FERNÁNDEZ DE CASADEVANTE ROMANÍ, C., "Terrorismo y crímenes de lesa humanidad en la jurisprudencia de la Audiencia Nacional relativa a la organización terrorista nacionalista ETA", *Revista Europea de Derechos Fundamentales,* 30, (2017), 49-93.

FERNÁNDEZ SEGADO, F., "Algunas reflexiones sobre la Ley Orgánica 6/2002, de Partidos Políticos, al hilo de su interpretación por el Tribunal Constitucional", *Revista de Estudios Políticos,* 125, (2004), 109-155.

FERNÁNDEZ SOLDEVILLA, G. y JIMÉNEZ RAMOS, M. (Coords), *1980. El terrorismo contra la Transición.* Madrid, Tecnos, 2020.

FERNÁNDEZ SOLDEVILLA, G., *Violencia, silencio y resistencia. ETA y la Universidad (1959-2011).* Madrid, Tecnos, 2023.

GARMENDÍA MADARIAGA, A., "La disolución de formaciones políticas en España: el caso Sortu", *Revista Mexicana de Derecho Constitucional,* 25.

HEREDERO ORTIZ DE LA TABLA, L., "Propuestas para una reforma legal del sistema de reconocimiento y protección integral a las víctimas del terrorismo". *Revista de Derechos Humanos,* 3, (2020), 157-180.

IGLESIAS BÁREZ, M., *La ilegalización de los partidos en el Ordenamiento jurídico español,* Comares, Granada, 2008.

– "«El caso Bildu»: continuidad y ruptura en la doctrina del Tribunal Constitucional sobre la ilegalización de formaciones políticas", *UNED. Teoría y Realidad Constitucional,* 28, (2011), 555-578.

KÜHN A. PV y GRAÍNO FERRER, G. (Eds.), *La educación cívica en España. Y en perspectiva internacional.* Madrid, Marcial Pons-Konrad Adenauer Stiftung, 2023.

LADRÓN DE GUEVARA PASCUAL, C., *Avances y carencias en la protección jurídica a las víctimas del terrorismo.* A Coruña, Editorial Colex, 2021.

– *El derecho a la verdad de las víctimas del terrorismo.* Vitoria-Gastéiz, Secretaría General de Derechos Humanos, Convivencia y Cooperación-Gobierno vasco, 2018.

LASTERRA AZNÁREZ, M. (Coord.), *Terrorismo de ETA y violencia de persecución contra miembros y cargos públicos de partidos democráticos en Navarra.* Pamplona, Universidad Pública de Navarra y Universidad de Navarra, 2022.

LÓPEZ ROMO, R., *Informe Foronda: los efectos del terrorismo en la sociedad vasca.* Madrid, La Catarata, 2015.

– *Memorias del Terrorismo en España.* Madrid, La Catarata, 2018.

– *Sobre el olvidado terrorismo vasco.* Vitoria-Gastéiz, Betagarri Liburuak, 2023.

LYNCH, O. y ARGOMANIZ, J. (Eds.), *Victims of Terrorism. A comparative and interdisciplinary Study*. London, Roudledge, 2015.

MARTÍNEZ VÁZQUEZ, F., "Cuarenta años de Constitución en la lucha contra el terrorismo". *Revista cuatrimestral de las Facultades de Derecho y Ciencias Económicas y Empresariales de Icade*, 104, (2018), 1-24.

PASCUAL RODRÍGUEZ, E. y RÍOS MARTÍN, J.C, "Reflexiones desde los Encuentros Restaurativos entre Víctimas y Condenados por Delitos de Terrorismo" (Reflections on Restorative Encounters between Victims and Convicted Persons in Terrorism Crimes). *Oñati Socio-Legal Series*, 3, (2014), 427-442.

PÉREZ MACÍAS, I.A. *Situación procesal de los atentados mortales de ETA en Navarra*. Pamplona, Gobierno Foral de Navarra, 2019.

PORTERO DE LA TORRE, D. y VALENTÍ COTOVAL, V. (Dirs.). *379 los crímenes de ETA sin resolver*. Madrid, Sindéresis, 2022.

PULGAR GUTIÉRREZ, Mª. B., *Víctimas del terrorismo. 1968-2004*. Madrid, Dykinson-Fundación Víctimas del Terrorismo, 2004.

REINARES NESTARES, F., *¡Matadlos! Quién estuvo detrás del 11-M y por qué se atentó en España*. Madrid, Galaxia Gutenberg, 2014.

– *11-M: la venganza de Al Qaeda*. Santiago de Compostela, Galaxia Editorial, 2018.

– *Al Qaeda›s Revenge. The 2004 Madrid Train Bombings*. Nueva York, Columbia University Press, 2017.

RIVERA BLANCO, A. y MATEO SANTAMARÍA, E. (Eds.), *Víctimas y política penitenciaria. Claves, experiencias y retos de futuro*. Madrid, La Catarata, 2019.

ROCA AGAPITO, L., "Análisis del nuevo régimen jurídico-económico de las víctimas del terrorismo". *Diario la Ley*, 7776, de 16 de enero de 2012, 1-2.

RODRÍGUEZ FOUZ, M.; Acha Ugarte, B.; y Sánchez de la Yncera, I. *Estudio sociológico sobre las extorsiones y amenazas de ETA contra el empresariado navarro*. Pamplona, Universidad Pública de Navarra, 2019.

RODRÍGUEZ URIBES, J.M., "Sobre la Ley 28/2011, de 22 de septiembre, de reconocimiento y protección integral a las víctimas del terrorismo". *Asamblea: revista parlamentaria de la Asamblea de Madrid*, 27, (2012), 63-84.

– *Las víctimas del terrorismo en España*. Madrid, Dykinson, 2013.

ROLLNERT LIERN, G., "El enaltecimiento del terrorismo: desde el caso de Juana Chaos a César Strawberry. La recepción de la doctrina constitucional en la jurisprudencia del Tribunal Supremo", *Revista de Derecho Político*, 109, (2020), 191-227

ROSADO VILLAVERDE, C. y ARRIOLA ECHÀNIZ, N. (Codirs.) y Delgado Ramos, D. y Gordillo Pérez, L. (Coords.). *La era de la fragmentación política. Una mirada retrospectiva de la Ley de partidos*. Sevilla, Athenaica, 2023.

ROXIN, C., "Dirección de la organización como autoría mediata", *Anuario de Derecho Penal y Ciencias Penales*, Vol. LXII, (2009), 1-15.

SÁNCHEZ FERRIZ, R., *Estudios sobre las libertades públicas en el ordenamiento constitucional español. La voz de la sociedad civil*. Valencia, Tirant lo Blanch, 2023.

SERRANÒ, A. y ELÓSEGUI, E., *Aprendiendo con las víctimas del terrorismo. Propuesta didáctica para la ciudadanía activa por la Memoria y la Justicia.* Madrid, Fundación Miguel Ángel Blanco, 2015.

SERRANÒ, A., *Las Víctimas del Terrorismo: De la Invisibilidad a los Derechos.* Cizur Menor (Navarra), Thomson Reuters-Aranzadi, 2018.

TORRES DEL MORAL, A., "Democracia militante", en Carrasco Durán, M., Pérez Royo, F.J., Urías Martínez, J., Terol Becerra, M. J. (Coords): *Derecho constitucional para el siglo XXI: actas del VIII Congreso Iberoamericano de Derecho Constitucional.* Pamplona: Thomson Reuters Aranzadi, 2006, 209-224.

VÍRGALA FORURIA, E. (1994). "La suspensión de derechos por terrorismo en el ordenamiento español". *Revista Española de Derecho Constitucional*, 40, (1994), 61-132.

- "Los partidos políticos ilícitos tras la LO 6/2002", Teoría y Realidad Constitucional, 10-11, (2003), 203 y 261.
- "Las sentencias del TS y del TC de mayo de 2011 sobre Bildu y las agrupaciones electorales", *Revista Española de Derecho Constitucional*, 93, (2011), 307-326.

VIVANCOS COMES, M., "Universidad como espacio de memoria: una experiencia de innovación docente centrada en las víctimas del terrorismo y su protección jurídica" en Castellanos Claramunt, J. (dir.) *Retos y posibilidades de la docencia universitaria desde la perspectiva jurídica.* Madrid, Dykinson, 2023, 44-66.

Buenas prácticas docentes sobre las víctimas del terrorismo

CLARA SOUTO GALVÁN
Profesora Contratada Doctora
Universidad Rey Juan Carlos

SUMARIO: I. DEFINICIÓN Y CONCEPTOS DE BUENAS PRÁCTICAS UNIVERSITARIAS. II. METODOLOGÍAS DOCENTES UNIVERSITARIAS: "EL ARTE DE CONTAR EL DERECHO". III. TERRORISMO: BREVE REPASO HISTÓRICO. IV. LAS VÍCTIMAS DEL TERRORISMO: ENSEÑANZA DESDE LAS AULAS. V. MATERIAL DIDÁCTICO SOBRE VIOLENCIA TERRORISTA. VI. REFLEXIONES FINALES.

"La vida de los muertos perdura en la memoria de los vivos"
Cicerón

Quería empezar con esta frase para remarcar la importancia del recuerdo de todas las víctimas asesinadas por bandas terroristas, no olvidar sus nombres, ni su historia, recordar la crueldad de los terroristas y el miedo de una sociedad que vivía a la sombra de la decisión de unos pocos. La estrategia del miedo es un arma mortal. En el centro memorial de las Víctimas del Terrorismo destaca esta frase "Vivir sin miedo, vivir con memoria".

Y es que es necesario el recuerdo, la memoria de los muertos, de las personas asesinadas, de las familias, para no olvidar lo que pasó, lo que aún pasa hoy en día en muchos países y lo que puede pasar.

I. DEFINICIÓN Y CONCEPTOS DE BUENAS PRÁCTICAS UNIVERSITARIAS

La investigación realizada sobre "Las buenas prácticas docentes universitarias sobre las víctimas del terrorismo" nos lleva, en primer lugar, a definir y conceptualizar determinados aspectos necesarios para su correcta comprensión. Por lo que comenzaré detallando lo que se entiende por buenas prácticas universitarias.

La educación y con ella los sistemas educativos españoles han ido modificándose con frecuencia y adaptándose, no sólo a los cambios sociales, sino también, a los tecnológicos. Estos avances han provocado la necesidad imperante de actualizar las metodologías en las aulas. Lo que ha llevado a la búsqueda y el reconocimiento de las buenas prácticas educativas. Muchos docentes han estudiado y analizado estos aspectos así Zabalza los identifica como "buscar indicadores comunes a la buena enseñanza, a tratar de marcar rasgos diferenciadores entre lo educativamente reconocible como bueno y lo que no lo es"[1].

En el ámbito universitario español, "en un estudio en el que seleccionaron a los mejores profesores en función de las evaluaciones de sus estudiantes, encontraron que lo que marcaba la diferencia en los «buenos profesores/as» es el interés, satisfacción, aprendizaje y rendimiento de sus estudiantes"[2]. Y cómo pueden los estudiantes y profesores mejorar la educación universitaria.

Se han realizado muchos estudios sobre las buenas prácticas en el ámbito universitario[3], en la mayoría de los casos, el foco se centra en el docente (en su actividad, cómo la aplica y su evaluación) y en el entorno universitario, sin entrar a analizar el paso del estudiante por las aulas.

Sin embargo, en el análisis de las buenas prácticas universitarias son dos los protagonistas (el estudiante y el docente) ambos se necesitan, no se pueden separar, el docente para poder ejercer su labor educativa requiere del estudiante, el cual, necesita al docente para adquirir los conocimientos necesarios, pero cómo aprende y cómo enseña, he aquí la preocupación de la comunidad universitaria, aspecto al que no le daban importancia en el pasado, en el que las clases magistrales del profesor eran suficientes para que el alumno aprendiera.

Hoy en día una educación de calidad se entiende como la que "promueve el contacto entre estudiantes y profesores; desarrolla la reciprocidad y la cooperación entre los estudiantes, fomenta el aprendizaje activo, proporciona un feedback rápido del aprendizaje, presta atención al tiempo dedi-

---

1 Gozalo Delgado, M., (et. al.), "Buenas prácticas del estudiante universitario que predicen su rendimiento académico", Educación XXI, UNED, vol. 25, núm. 1, 2022, p. 72.

2 Ibidem, p. 72.

3 Entre otros destacar los estudios sobre buenas prácticas universitarias de Chickering y Sholossburg 1987, Chickering y Sholossburg 1995, Fernández March (et. Al.), 2012, Sabucedo y Abellán 2013, Flecha y Bulson, 2016.

cado a las tareas, comunica altas expectativas y respeta los diversos talentos y formas de aprender"[4].

No sólo ha habido cambios sociales y tecnológicos, sino que la relación entre ambos protagonistas también ha sufrido una importante transformación. La relación distante que existía entre profesor-alumno desaparece para promover el contacto entre ellos y fomentar un aprendizaje más activo, en el que el alumno tiene una participación mucho más interactiva con el profesor en las aulas y en la que se fomenta mucho más el trabajo en equipo y la relación entre el alumnado. Por este motivo, en el estudio[5] identifican aquellos recursos y comportamientos de los alumnos que puedan ser considerados como buenas prácticas:

1. Fomentar la participación: es necesario mostrar al estudiante el aula como lugar seguro, de confianza, de libertad de expresión y aprendizaje, si el entorno es hostil el estudiante tendrá más reticencias para participar y aprender.
2. Lo que nos lleva a trabajar en equipo, que exista un buen clima, una buena relación, de confianza entre los estudiantes, y entre el profesor y los estudiantes, buscar feedback entre ellos.
3. Aprender de forma activa: hay que saber actuar dentro de las capacidades ambientales y temporales. El trabajo práctico debe de ser realista a la duración de las clases y al temario que impartimos.

Todo ello enfocado a favorecer el rendimiento de los alumnos. En el ámbito universitario lo que más se ha fomentado y "exigido" al profesorado es la investigación. La docencia era "la gran olvidada" los docentes impartían sus clases y no se realizaban cursos de preparación, ni se escribía sobre estas prácticas docentes. Esto ha cambiado y, poco a poco, la docencia va adquiriendo la misma relevancia que la investigación. Para lo que se programan cursos para el profesorado para que aprenda nuevas prácticas docentes para enseñar en sus aulas de manera más activa y fomente una mayor libertad de expresión, aprendizaje y participación en las clases.

Han surgido muchos cursos para el profesorado, no sólo para adquirir mayor conocimiento sobre las nuevas plataformas digitales de aprendizaje sino también para conocer nuevas metodologías docentes activas en las aulas universitarias como, por ejemplo: el aprendizaje cooperativo, el

---

4 Gozalo Delgado, M., (et. al.), "Buenas prácticas del estudiante…" p. 74.

5 Ibidem, pp. 74-76.

aula invertida, la gamificación, redes sociales y escape room, aprendizaje servicios, entre otros. Todas estas metodologías favorecen el aprendizaje por competencias y permiten una nueva visión para la impartición de las asignaturas, dependiendo de la materia, del número de estudiantes, del profesor, se podrán utilizar unas u otras, pero siempre, con la búsqueda del uso de las mejores prácticas universitarias para nuestros universitarios.

II. METODOLOGÍAS DOCENTES UNIVERSITARIAS "EL ARTE DE CONTAR DERECHO"

Una vez expuestas las acciones que considero más importante para aplicar las buenas prácticas docentes, quería dar a conocer el grupo de innovación del que formo parte y las técnicas de innovación que llevamos a cabo y, que considero, serían herramientas importantes para aplicar en el tema que nos ocupa.

El grupo se denomina ARCODE, "El arte de contar el Derecho". Somos un grupo de profesores de la Universidad Rey Juan Carlos de Madrid, pertenecientes a diversas áreas del conocimiento.

Es un grupo que establece como principal área de innovación docente el empleo de nuevas fórmulas, cuya finalidad es lograr un verdadero aprendizaje de las Ciencias Jurídicas, por medio de la experiencia y el desarrollo de estrategias narrativas, tanto orales como escritas, para fijar mejor los conceptos jurídicos y, en consecuencia, conseguir su adecuado entendimiento y empleo.

Es necesario contextualizar este grupo de innovación para extrapolarlo a esta cuestión. Y marcar el foco en el relato, en el storytelling, como medio de buenas prácticas para darlo a conocer, porque es una parte de la historia que hay que enseñar, se debe seguir estudiando y no olvidar, hay que educar en tolerancia, en igualdad y no discriminación, evitando el adoctrinamiento, para lo que es imprescindible mantener el rigor en el relato explicando lo sucedido por los actores principales.

El storytelling es el arte de contar una historia. En el desarrollo de este relato es imprescindible lograr la conexión emocional y la participación activa del estudiante en el aprendizaje de la terminología jurídica, además de la superación del miedo escénico y la mejora de la exposición oral de discursos jurídicos. Decía la escritora estadounidense Maya Angelou, también conocida por su defensa de los derechos civiles que: "La gente olvidará lo que dijiste, la gente olvidará lo que hiciste, pero la gente nunca olvidará cómo la hiciste sentir". Es importante que los estudiantes se impliquen activamente para la generación de este sentimiento y en la elaboración de materiales audiovisuales de mejora de aprendizaje. Solo se aprende aquello que se practica y en lo que se toma parte activa. Por ello, proponemos el uso de la técnica del storytelling o "arte de contar una historia", que supone contar una historia para conseguir un determinado fin: informar, motivar, enseñar el Derecho, junto con la elaboración de podcast audiovisuales. (González, 2020)

El método de storytelling, va a ayudar al alumnado, no sólo a aprender el derecho de una manera más amena, sino a empatizar y a reconocer nuestros derechos, derechos fundamentales garantizados en la Constitución española. Todo ello a través de los hechos y acontecimientos que se han vivido a lo largo de la historia, sobre todo en el tema que nos ocupa, a través de la historia vivida por las víctimas del terrorismo.

Este libro fruto del "I Congreso innovación docente victimas terrorismo en las aulas universitarias" nos ha mostrado un marco general sobre los límites de los derechos respecto a determinadas actuaciones terroristas, y, a través de las miradas de las víctimas, también hubo un panel internacional sobre las víctimas del terrorismo y nos mostraron el activismo que hay en España en favor de la memoria de las víctimas a través del centro memorial. Todo el esfuerzo que se realizó mediante las Jornadas y la publicación de este libro son una buena práctica docente universitaria.

III. TERRORISMO: BREVE REPASO HISTÓRICO

Actualmente el terrorismo se identifica con Al Qaeda reconocido como terrorismo yihadista, quienes utilizan el miedo a través de actos terroristas como herramienta para socavar la estabilidad de las sociedades, que es lo que provocó Al Qaeda con el atentado contra las torres gemelas el 11 de septiembre de 2001.

Existen diversas definiciones de terrorismo, entre los especialistas no se ha llegado a un consenso sobre qué es el terrorismo, pero en casi todos los casos lo definen como "una herramienta para imponer por la fuerza un determinado proyecto político, por lo que se trata de infundir miedo en los oponentes y en la propia sociedad"[6].

---

6 Ministerio de Educación, El terrorismo en España: Unidad didáctica para historia de España, 2º Bachillerato, 2022, p. 6.

Del desarrollo de esta definición destacan varios elementos: La violencia clandestina (porque actúa de manera oculta), la generación de un clima de terror (tiene como propósito provocar miedo en la sociedad en general), la imposición de objetivos políticos (actúan contra una institución que pretenden someter mediante el uso de la fuerza) y el impacto propagandístico (aprovechan el impacto que generan a través de los medios para difundir sus exigencias"[7].

Entre las definiciones del ámbito académico Jean-Marie Balencie lo define como *"una secuencia de actos de violencia, debidamente planificado y altamente mediatizada, que toma deliberadamente como blanco a objetivos no militares a fin de crear un clima de miedo e inseguridad, impresionar a la población e influir en los políticos con la intención de modificar los procesos de decisión (ceder, negociar, pagar, reprimir) y satisfacer unos objetivos (políticos, económicos o criminales) previamente definidos"*[8].

De ambas definiciones podemos destacar los aspectos más significativos: el uso de la fuerza para alcanzar unos objetivos políticos y provocar miedo a la sociedad. Existen muchas más definiciones, pero nos ha parecido más importante centrarnos en la del Código Penal español, en su artículo 573 porque se regula una nueva definición de delito de terrorismo, clasifica los delitos de terrorismo contra los bienes jurídicos con alguna de las finalidades que se especifican en el mismo artículo:

> *"1ª) Subvertir el orden constitucional, o suprimir o desestabilizar gravemente el funcionamiento de las instituciones políticas o de las estructuras económicas o sociales del Estado, u obligar a los poderes públicos a realizar un acto o a abstenerse de hacerlo; 2ª) Alterar gravemente la paz pública; 3ª Desestabilizar gravemente el funcionamiento de una organización internacional; 4ª) Provocar un estado de terror en la población o en una parte de ella".*

En España el terrorismo que ha asomado durante más tiempo ha sido el provocado por la banda terrorista ETA, pero no ha sido el único, han actuado otras organizaciones terroristas de diferentes ideologías:

Los nacionalistas radicales Askatasuna (País Vasco y Libertad). Esta violenta organización que tenía como principal objetivo la independencia del País Vasco.

---

7 Ibidem, p. 6.

8 Rodríguez Morales, T.G., "El terrorismo y nuevas formas de terrorismo Espacios Públicos", vol. 15, núm. 33, enero-abril, 2012, Universidad Autónoma del Estado de México Toluca, México, 2012, p. 75.

Los Yihadistas, cuyo objetivo es "implantar un califato bajo una interpretación ortodoxa de la sharia, la ley islámica"[9]. En España se han producido varios atentados, el primero en 1985 en el restaurante El Descanso y el 11 de marzo de 2004 provocaron en Madrid uno de los ataques más violentos y con más víctimas mortales. En 2017 atacaron a Barcelona y Cambrils. Estos ataques son más recientes lo que deja ver cómo sigue muy presente la amenaza yihadista en nuestro país.

De la Extrema izquierda dentro de esta ideología radical destaca los GRAPO, (Grupos Revolucionarios Antifascistas Primero de Octubre). Su andadura comenzó en 1975, y su principal objetivo era establecer una república socialista en España por la fuerza.

La ultraderecha el terrorismo en España, esta ideología se dividió en varias organizaciones diferentes: BVE, Batallón Vasco Español, Triple A (Alianza Apostólica Anticomunista) o GAE, Grupos Armados Españoles. Los principales objetivos eran recuperar una dictadura como la franquista.

En este estudio, sin olvidar el resto de las organizaciones terroristas nos vamos a centrar en ETA y en sus víctimas y en las buenas prácticas docentes que llevan a cabo en relación con las víctimas de la banda terrorista.

La banda terrorista ETA se creó en 1958 con una ideología nacionalista vasca radical. En 1968 inició su violenta actividad criminal cometiendo su primer asesinato, en este momento cometían atentados como respuesta a la dictadura, pero este camino continuó durante la democracia, provocando muchísimos más atentados contra la sociedad, sobre todo contra guardias civiles y políticos, dejando a su paso más de 800 víctimas mortales, aunque el número exacto oscila entre los 829 y 858, el prof. Labiano en un interesante artículo sobre "Literatura comprometida frente al terror y el silencio" menciona el número de víctimas según diferentes instituciones y organizaciones, por ejemplo, según el Ministerio del Interior oscila entre 829-856, según la dirección de Apoyo a las Víctimas del Terrorismo 843 y 829 según la Fundación de Víctimas del Terrorismo, entre otras[10].

Las víctimas del terrorismo han sido las grandes olvidades, en este largo período de terror sufrido en España. Su exposición inicial en los medios de comunicación, cuando se cometían los atentados, era lo que duraba su

---

9 Ministerio de Educación, El terrorismo en España…p. 7.

10 Labiano Juangarcía, R., "Literatura comprometida frente al terror y el silencio. Las novelas sobre ETA de Luisa Etxenike: «El ángulo ciego», «Absoluta presencia» y «Aves del paraíso»". *Castilla. Estudios De Literatura,* (12), p. 621.

recuerdo, así lo detalla Ferrando "El terrorismo aplicaba con una eficacia inusitada sus herramientas: amenaza generalizada y olvido sistemático de las víctimas"[11].

Por lo general, los estudios que se han realizado iban más enfocados al número de víctimas que había provocado ETA desde un punto de vista cualitativo (Alonso et al., 2010). Pero esta situación fue cambiando a partir de los años 90, las propias víctimas empezaron a dar visibilidad a sus historias, a sus pérdidas, crearon fundaciones y asociaciones de ayuda a las víctimas. En 1981 se creó la Asociación de Víctimas del terrorismo para apoyar a las personas afectadas por los ataques terroristas, es una asociación asistencial que tiene entre sus finalidades concienciar a la sociedad en contra de los delitos terroristas para lo que realizan muchas actividades en memoria de las víctimas. Entre otras, publican una revista bianual "Por Ellos, Por Todos", también publican un boletín mensual y grabaciones de testimonios audiovisuales de víctimas del terrorismo mediante los cuales "acercan a la sociedad los relatos y vivencias de las propias víctimas del terrorismo"[12].

En la página web de la Asociación https://avt.org/es/ se recoge toda esta información que se encuentra en abierto para que todas las personas puedan informarse sobre el terrorismo que hoy en día aún amenaza al mundo. También se recopilan materiales de difusión, además de acudir a los colegios a dar charlas. En marzo de este año 2023 ofreció unas charlas en colegios de Madrid a estudiantes de 4 ESO y 2º de bachillerato. A través de sus testimonios los expertos en la materia dan a conocer la realidad del terrorismo y sus consecuencias y "animar a los jóvenes a luchar contra el odio y la violencia, y a construir una sociedad más justa y solidaria". Estos testimonios también llegaron a otros lugares de España como A Coruña y las Palmas de Gran Canaria, y es que desde la Asociación consideran "pilar fundamental el relato".

En 1992 se creó la Fundación Profesor Manuel Broseta, en memoria del profesor Broseta, asesinado por la banda terrorista. La Fundación tiene como objetivos enaltecer los valores que la Constitución de 1978 reconoce en el art. 1 "la igualdad, libertad, justicia..."

---

[11] Català I Bas, A. H. (dir.) y García Mengual, F. (COORD.), El reconocimiento de las víctimas del terrorismo a través de la legislación y la jurisprudencia, Cátedra de Derecho Autonómico Valenciano, Fundación Profesor Manuel Broseta, Universitat de València, 2013, p15.

[12] En este enlace pueden visualizarse todos los testimonios de las grabaciones que contienen en su página web https://avt.org/es/testimonios.

La Fundación lleva a cabo cada año, desde su puesta en marcha, muchas actividades prestando especial atención a "las víctimas del terrorismo, a su reconocimiento y apoyo público, sobre todo difundiéndolas entre los más jóvenes, para que no se olvide el horror sufrido, el relato de los años negros que aterrorizaron a España sinrazón etarra"[13].

Este trabajo es fruto de una actividad promovida por la Fundación, en 2022 se puso en marcha el I Congreso innovación docente victimas terrorismo en las aulas universitarias. En palabras de la subsecretaria del Ministerio del Interior, Isabel Goicoechea, que inauguró el Congreso "la importancia y "y el carácter estratégico" de los proyectos emprendidos por los ministerios del Interior y de Educación y Formación Profesional "para concienciar a los más jóvenes sobre las terribles consecuencias que generan el terrorismo y la violencia".

La violencia terrorista de ETA ha dejado un gran reguero de víctimas. Obviamente las principales han sido "las más de 800 personas asesinadas (y sus allegados) pero también ha habido casi un centenar de secuestrados, más de 20.000 víctimas directas en atentados (heridos y damnificados) en toda España y no solamente en el País Vasco"[14], cuantiosos daños materiales, varios miles de personas amenazadas que durante un periodo de su vida estuvieron obligadas a vivir con escolta policial, lo que Gesto por la Paz definió como "violencia de persecución"[15], y finalmente la propia sociedad vasca en general, que se ha visto alterada por un fenómeno que le ha impedido consolidarse como una comunidad política plenamente democrática equivalente a las sociedades de su entorno. Una de las principales características de esa falta de normalidad ha sido el miedo.

Para hacer frente al futuro no hay que olvidar el pasado, porque nos fortalece. En una democracia el pueblo decide lo que hay que hacer y así puede hacerse dueño de su destino. Sin embargo, en un marco donde el pueblo es el que tiene el poder de elegir a sus dirigentes, donde tienen voz y voto, el terrorismo invadió ese espacio, marcó la historia de España desde

---

13 Garrido Mayol, V., *Presentación: Memoria Fundación Profesor Manuel Broseta Pont*, Fundación Manuel Broseta. El desarrollo de las actividades enmarcadas en los convenios celebrados con el Ministerio del Interior, Fundación de Víctimas del Terrorismo y la Consellería de Justicia e Interior de la Generalitat Valenciana.

14 Llera, F.J. La estrategia del miedo, ETA y la espiral del silencio en el País Vasco: Informe del Centro Memorial de las Víctimas del Terrorismo, 2017, p. 14.

15 Gesto por la Paz, "Violencia de Persecución", Bake hitzak-Palabras de Paz, 40, 2000.

los años sesenta del siglo XX, pero, sobre todo, el paso de un estado dictatorial a un Estado social y democrático de Derecho y a su asentamiento, y lo hizo de una manera muy trágica.

El terrorismo incide sobre diferentes áreas:

- La política: el terrorismo viola los principios democráticos, generando un miedo que reduce las posibilidades de participación política libre e igual.
- La economía: los atentados originan costes materiales y de seguridad.
- La sociedad: el terrorismo deteriora la convivencia al atacar los derechos humanos más elementales.
- Y, sobre todo, el terrorismo afecta a sus víctimas: las personas asesinadas, heridas, secuestradas, extorsionadas y amenazadas, así como a su entorno (familia y amigos).

Al igual que ocurre con otros fenómenos complejos, existen diferentes definiciones de terrorismo. Entre los especialistas no se ha llegado a un consenso sobre qué es el terrorismo, pero en casi todos los casos, como ya hemos visto, se subraya que estamos ante una herramienta para imponer por la fuerza un determinado proyecto político, para lo que se trata de infundir miedo en los oponentes.

Pero ¿cómo podemos trasladarlo a las aulas? Debido a las características especiales que rodean a las víctimas del terrorismo, las buenas prácticas docentes en este contexto deben estar informadas por una serie de principios éticos y pedagógicos.

Por lo que la manera de implementarlo a las aulas es complementando los estudios, enriqueciendo los conocimientos con aspectos que han afectado y que afectan hoy en día a la sociedad. Por lo que lo primero de lo que hay que partir es del contexto:

- Se debe dar a conocer a los estudiantes la historia: contar los hechos, cuándo surgen, y, los motivos y aquí se debe ser muy riguroso en el relato.
- Se debe contar la verdad de los hechos, no endulzar la crueldad, ni maquillar lo sucedido, todo ello a través de una serie de recursos docentes que explicaremos a continuación.

IV. LAS VÍCTIMAS DEL TERRORISMO: ENSEÑANZA DESDE LAS AULAS

Para comenzar a explicar cómo se ha trasladado la enseñanza de las vivencias de las víctimas del terrorismo a las aulas, es importante especificar diferentes definiciones que nos hemos encontrado en la normativa tanto a nivel internacional como nacional.

En la Declaración de las Naciones Unidas sobre Justicia para las Víctimas del Crimen y del Abuso de Poder de 1985, definen a las "víctimas" como "*las personas que, individual o colectivamente, hayan sufrido daños, inclusive lesiones físicas o mentales, sufrimiento emocional, pérdida financiera o menoscabo sustancial de los derechos fundamentales, como consecuencia de acciones u omisiones que violen la legislación penal vigente en los Estados Miembros, incluida la que proscribe el abuso de poder*". En el siguiente apartado incluyen también a familiares directos de la víctima.

A nivel nacional la Ley 29/2011, de Reconocimiento y Protección Integral a las Víctimas del Terrorismo en su art. 3 reconoce como víctimas "*a quienes sufran la acción terrorista, definida ésta como la llevada a cabo por personas integradas en organizaciones o grupos criminales que tengan por finalidad o por objeto subvertir el orden constitucional o alterar gravemente la paz pública. Será aplicable igualmente, a las víctimas de los actos dirigidos a alcanzar los fines señalados en el párrafo precedente aun cuando sus responsables no sean personas integradas en dichas organizaciones o grupos criminales*". Se las considera a todas por igual y lo importante es que el acto que provoca el daño sea calificado como terrorista.

En cuanto a las buenas prácticas docentes sobre víctimas del terrorismo y su aplicación en las aulas, hay que tener en cuenta que la información que se trata es una recopilación de actividades, bibliografía y materiales didácticos, respaldados por diversas fuentes académicas y sociales, aunque en este tema las buenas prácticas están en constante evolución, porque son muchos los sectores que están trabajando en el reconocimiento y protección de las víctimas del terrorismo.

Para poder poner en marcha el desarrollo de prácticas en las aulas es necesario que se lleve a cabo una formación previa del profesorado, porque es una herramienta fundamental para establecer las buenas prácticas docentes. En esta instrucción se deben incluir tanto aspectos legales como éticos y psicológicos en relación con las víctimas del terrorismo, pues deben familiarizar a los docentes con el estigma y el trauma que las víctimas sufren[16].

---

[16] Profundizar en las obras de RODRÍGUEZ URIBES, J. M.: "Ayuda y asistencia integral a las víctimas del terrorismo", Proceedings/Acts Council Of Europe. Inter-

También es importante que el currículo y los materiales didácticos sean sensibles y no revictimicen a las víctimas del terrorismo. Los estudios de casos, documentales y la literatura que aborden sobre el tema deben ser elegidos cuidadosamente para evitar contenidos inapropiados y enfocarlos desde el respeto a las víctimas.

- **Relato de las víctimas, de las familias, los amenazados, conocer de los protagonistas los hechos acontecidos o mediante textos explicativos de las asociaciones de víctimas.**

  El relato de las víctimas del terrorismo como método docente en los colegios constituye una estrategia pedagógica con múltiples facetas que busca transmitir valores fundamentales como el respeto a los derechos humanos, la tolerancia y la convivencia pacífica. Al invitar a las víctimas a compartir sus experiencias en primera persona, se busca generar un impacto emocional en los estudiantes que no siempre se consigue con métodos didácticos más tradicionales.

  Creo que uno de los aspectos más importantes es escuchar a las víctimas, autores como J. Habermas ha explicado la importancia del discurso comunicativo en la creación de una sociedad más justa[17].

  Por lo que el material docente que se podría utilizar en las aulas son los documentales, las entrevistas, la presencia de las víctimas, aquellas que accedieran a acudir a las clases para contar el relato en persona. También se podrían hacer videoconferencias a través de las nuevas plataformas digitales, que los estudiantes pudieran escuchar los hechos directamente de las víctimas.

  El objetivo principal de este método es sensibilizar a los estudiantes sobre la complejidad y la gravedad de los actos del terrorismo. La narrativa en primera persona de una víctima puede aportar una

---

national Conference on Victims of Terrorism, San Sebastian (Spain), 16-17 junio 2011, MATE, R.: "Deber de memoria", en AA.VV.: Diccionario de memoria histórica. Conceptos contra el olvido, Coordinador Rafael Escudero Alday, Catarata, Madrid, 2011, J. Bisson y M. Andrew, Psychological treatment of post-traumatic stress disorder (PTSD), Cochrane Database of Systematic Reviews 2007, 3, AA.VV.: Terrorismo, víctimas y medios de comunicación, editado por la Fundación Víctimas del Terrorismo y la Federación de Asociaciones de la Prensa de España, Madrid, 2003.

17 HABERMAS, J., Teoría de la acción comunicativa, Taurus Humanidades, 1981, p. 184.

dimensión humana que es difícil de alcanzar con textos o medios audiovisuales.

Si bien este método es de un alto impacto educativo, es crucial que no se trivialice con el relato de la víctima, con su sufrimiento o que se la revictimice. Asimismo, se debe tener cuidado de no sesgar la narrativa hacia ningún extremo ideológico, y mantener un equilibrio que permita a los estudiantes desarrollar su pensamiento crítico.

Es fundamental que este tipo de actividades estén precedidas y seguidas de actividades didácticas que ayuden al estudiante a contextualizar y reflexionar sobre los hechos escuchados, como, por ejemplo, debates en clase, trabajos de investigación y otro tipo de actividades que fomenten el pensamiento crítico.

También es importante que sea una actividad interdisciplinar ya que es un tema que toca muchos ámbitos, tanto sociales, políticos, éticos, psicológicos, por lo que sería necesario contar con la presencia de profesores de esas áreas para que complementen la actividad con sus conocimientos respectivamente.

Al tratarse de un tema tan delicado, debería evaluarse la eficacia del método, mediante herramientas pedagógicas que midan tanto el impacto emocional como el nivel de comprensión y sensibilización alcanzado por los estudiantes, lo que les permitirá conocer el impacto y los aspectos de mejora.

En resumen, el relato de las víctimas del terrorismo como método docente puede ser una herramienta muy efectiva para fomentar la empatía, el respeto a los derechos humanos y el pensamiento crítico y para dar a conocer una parte de la historia que no debe quedar en el olvido mediante un relato riguroso sobre los actos cometidos.

- **Documentales:**

  Bajo el silencio, es un documental de Iñaki Arteta. El autor es conocido por su trabajo documental que aborda los impactos del terrorismo de ETA en la sociedad española, como veremos más adelante, donde se detallan algunas de sus obras. La primera que abordamos es Bajo el silencio, que trata sobre la huella de terrorismo en el País Vasco tras el cese de la lucha armada en 2011, en una vuelta de tuerca dentro de su obra que evidencia su pulsión por acompañar el relato de los afectados por la violencia, pone voz a las víctimas y explora temas como el sufrimiento, la memoria histórica y la necesidad de justicia. Por lo general el director utiliza testimonios en primera persona, imágenes de archivo y narrativa visual para crear un retrato íntimo y perturbador de las vidas afectadas por el terrorismo.

1980, es un documental en el que Iñaki Arteta pone voz a las víctimas a través de testimonios en los lugares de los atentados. En 1980 el año que marcó la cúspide criminal de la banda terrorista ETA. Las cifras de fallecidos bailan alrededor de 98 víctimas mortales y 22 secuestros.

Sin libertad 20 años después, Iñaki Arteta. Veinte años después de la grabación del documental "Sin libertad" cuatro jóvenes veinteañeros y estudiantes de periodismo se acercan a los mismos entrevistados para conocer su impresión acerca del paso del tiempo respecto a la existencia del terrorismo y sus secuelas. ¿Cómo han vivido las víctimas de ETA estos últimos 20 años? ¿Qué saben los jóvenes que no han conocido el terrorismo de lo que ocurrió? ¿Cómo dialoga un joven con una víctima? ¿Qué significa para un joven acercarse a la experiencia de una víctima? ¿Cuál es el poder transformador del relato de las víctimas?

Las buenas sombras, los escoltas frente al terrorismo, es un documental de la Fundación Miguel Ángel Blanco, con testimonios sobre aquellos que arriesgaban la vida cada día para que otros no la perdieran en cualquier momento. Rinde homenaje a los escoltas que murieron asesinados o resultaron heridos cuando acompañaban a personas durante años que tuvieron que vivir protegidas de la amenaza del terrorismo, especialmente de ETA. Dirigido por Felipe Hernández Cava y realizado con la colaboración de la Fundación Víctimas del Terrorismo y el Centro Memorial de Vitoria.

V. MATERIAL DIDÁCTICO SOBRE VIOLENCIA TERRORISTA

El material didáctico sobre violencia terrorista ha sido llevado a cabo mediante unos proyectos educativos a nivel nacional y de Comunidades Autónomas que se han puesto en marcha sobre esta temática. Es muy importante remarcar que esos materiales deben ser sensibles al trauma y no deben revictimizar a las víctimas del terrorismo, por lo que antes de implementarlos en las aulas deben ser revisados por los docentes, para que la inclusión de estos estudios de casos, documentales y literatura que aborda este tema sea desde una perspectiva humanitaria basada en los derechos de las personas.

La educación sobre las víctimas del terrorismo en España se ha convertido en una preocupación importante tanto para los poderes públicos como para organizaciones de la sociedad civil. El objetivo es implementar una conciencia pública y educar a las nuevas generaciones sobre la importancia de la memoria, la justicia y la reparación para las víctimas del terrorismo, sobre todo, en el caso de España los atentados llevados a cabo por ETA, pero, también, otro tipo de terrorismo.

La violencia y las amenazas que ha ejercido ETA durante tantos años ha dejado una profunda huella, por lo que diferentes organizaciones y entidades gubernamentales han desarrollado programas educativos, además de otras actividades para dar visibilidad a las víctimas y para promover una cultura de tolerancia, respeto y dignidad libre de amenazas y de prevención del terrorismo.

Los Ministerios del Interior y Educación y Formación Profesional junto con el Centro para la Memoria de las Víctimas del Terrorismo y la Fundación Víctimas del Terrorismo pusieron en marcha en 2021-2022 un programa educativo "Memoria y prevención del Terrorismo" para alumnos de 1º y 4 de ESO y de 1º y 2º de Bachillerato sobre el terrorismo a escala nacional, con seis unidades didácticas cuya coordinación comenzó en 2017, con textos en las cuatro lenguas de España y que son material de apoyo para los docentes[18], además de incluirlo en los currículos educativos de cada uno de estos niveles y que abarca cuestiones generales: sobre el terrorismo en España, terrorismo internacional, derechos humanos y víctimas y el rechazo a la violencia terrorista.

Lo que se pretende es llevar el tema con mayor profundidad a los estudiantes, atendiendo a las víctimas del terrorismo, por lo que esta educación se complementa con el testimonio directo de las víctimas del terrorismo en las aulas, que relatan sus experiencias y vivencias personales acercando el diálogo a los estudiantes.

La ministra de Educación y Formación Profesional y el ministro del Interior inauguraron en el Centro Memorial de las Víctimas del Terrorismo Vitoria-Gasteiz unas jornadas sobre 'Memoria y prevención del terrorismo' para difundir en la comunidad educativa el contenido de las unidades didácticas sobre terrorismo elaboradas por ambos departamentos.

---

18 https://www.interior.gob.es/opencms/gl/servicios-al-ciudadano/tramites-y-gestiones/ayudas-y-subvenciones/ayudas-a-victimas-de-actos-terroristas/unidades-didacticas-del-proyecto-educativo-memoria-y-prevencion-del-terrorismo/unidades-didacticas-en-castellano/

En su intervención, Grande-Marlaska señaló que "necesitamos concienciar a las generaciones más jóvenes de que deben construir espacios en los que sea posible encontrarse y convivir y, en el caso del terrorismo, ese espacio debe estar edificado sobre la verdad de lo que sucedió, sobre el triunfo final de las víctimas del terrorismo, tras años de terror y persecución, frente a la sinrazón y la violencia".

La manera de concienciar a través de estos materiales es muy importante, pero es necesario que estos recursos se utilicen de manera correcta, por lo que la ministra anunció en el mismo acto la puesta en marcha de un "programa de formación del profesorado para el uso de los materiales educativos que se han elaborado o puedan elaborarse en el futuro en relación con la violencia terrorista", una sugerencia de la Fundación Víctimas del Terrorismo recogida por el Ministerio de Educación y Formación Profesional.

También **las Comunidades Autónomas** han elaborado material educativo para los centros escolares, sobre todo el País Vasco y Navarra, dadas las particulares circunstancias históricas y sociales relaciones con el terrorismo en estas regiones de España.

La incorporación de este tema en el currículo educativo tiene como objetivo principal educar a las nuevas generaciones sobre la historia del terrorismo en España, en particular el perpetrado por ETA, y sensibilizar sobre la importancia de la memoria y la dignidad de las víctimas. El País Vasco, en clave de educación para la paz, comenzó incorporando materiales sobre "Las bases del proyecto socio educativo del Gobierno Vasco en materia de convivencia" en 2012. También, en algunas escuelas se invitaba a víctimas del terrorismo o a miembros de asociaciones y fundaciones relacionadas para que den charlas y presenten sus testimonios, con el objetivo de humanizar el tema e implantar "víctimas educadoras"[19] y aportar una dimensión más personal y emocional. Aprovechando estos documentos, se puso en marcha el Módulo Educativo Adi-Adian, en este caso, se trata de una propuesta educativa concentrada en una o dos sesiones de dos horas que se desarrolla en aulas de 4º de ESO y Bachiller para promover aprendizajes de dignidad humana, convivencia y empatía, mediante una experiencia de escucha de testimonios de víctimas[20]. Además, crearon una guía didáctica para el profesorado del Módulo educativo que complementa el anterior.

---

19 Gobierno Vasco, "Compilación de documentos generados por el Gobierno Vasco en la Legislatura 2012-2016 en materia de paz y convivencia", 2016, p. 6.

20 Ibidem, pp. 6-8.

Entre otras acciones, también se reforzaron los espacios web, para facilitar el acceso a toda la documentación que utilizan y las experiencias.

El ámbito universitario se unió a estas iniciativas y tres instituciones universitarias cada año se juntaban para realizar "una aportación compartida al desarrollo del Plan de Paz y Convivencia"[21].

Desde el **punto de vista jurídico**, la inclusión de este tema en el currículo escolar se debe en parte a la aprobación de una serie de leyes que abogan por el respeto y la dignidad de las víctimas del terrorismo, tanto a nivel autonómico como nacional. También en el ámbito internacional, existen diversas directrices que se centran en la protección de los derechos humanos y las víctimas de delitos, como, por ejemplo, la Declaración de las Naciones Unidas sobre Justicia para las Víctimas del Crimen y del Abuso de Poder de 1985, en la que se detalla la definición de "víctima" individual o colectivamente, y en las que se incluye a los familiares o personas a cargo que tengan una relación directa con la víctima. Además, se establecen una serie de principios que defienden el derecho de acceso a los mecanismos de Justicia y a un trato justo mediante una pronta recuperación del daño que hayan sufrido, según lo establecido en la legislación nacional y en este caso, en España se aprueba la ley 29/2011, de Reconocimiento y Protección Integral a las Víctimas del Terrorismo, proporciona un marco legal que enfatiza la importancia de la memoria y la educación en este contexto.

Esta Ley nació con el objetivo de actualizar la legislación preexistente en materia de víctimas del terrorismo, otorgando un marco jurídico más comprensivo y amplio en derechos y necesidades. Así no sólo abarcó el reconocimiento de la dignidad y memoria de las víctimas, sino también su protección económica y social.

El art. 2, es especialmente relevante al establecer que las Administraciones Públicas adoptarán medidas para la divulgación de los valores constitucionales y democráticos, vinculando de esta manera la memoria y dignidad de las víctimas con la educación y la cultura pública. Además, la ley establece una serie de indemnizaciones y pensiones, que buscan paliar en cierta medida las consecuencias que los actos terroristas han tenido en la vida de las víctimas y sus familiares. Según José Manuel Rodríguez Uribes "se trata de una ley que se hace eco de las buenas prácticas a favor de las víctimas"[22].

---

[21] Ibidem.

[22] RODRÍGUEZ URIBES, J.M., "Sobre la ley 29/2011, de 22 de septiembre, de reconocimiento y protección integral de las víctimas del terrorismo, Revista Asamblea

Pero también despertó cierto escepticismo, poque SIN una correcta aplicación y seguimiento, la ley se convierte en una mera declaración de intenciones[23].

Investigadores: Bibliografía, los autores y las autoras que se citan a continuación, son una selección de muchas personas (académicos, periodistas, historiadores…) que han mostrado una importante preocupación y sensibilización por las víctimas del terrorismo:

José Luis Rodríguez Jiménez, profesor de historia de la Universidad Rey Juan Carlos que ha escrito muchos artículos sobre terrorismo, pero me quiero centrar en un capítulo de libro que versa sobre las víctimas del terrorismo en la docencia de historia de la España actual, en un libro colectivo, del que es coordinador y se titula: "Mujeres víctimas del terrorismo y mujeres contra el terrorismo, historia memoria labor y legado" en el que participan otros especialistas en la materia como el profesor Fernández de Casadevante; Rogelio Alonso y Mónica Pucci, entre otros. En este capítulo de libro José Luis realiza una recopilación de bibliografía muy detallada e interesante al respecto, entre los que se encuentran:

José María Calleja, periodista y profesor de la Universidad Carlos III, es uno de los periodistas que más ha trabajado sobre las víctimas de ETA, algunas de sus obras son: La diáspora vasca. Historia de los vascos condenados a irse de Euskadi por culpa del terrorismo de ETA (Madrid, Aguilar, 1999), Héroes a su pesar. Crónicas de los que luchan por la libertad (Madrid, Espasa, 2003), con el heroísmo no pretendido de los españoles vascos y no vascos a los que el nacionalismo pretendía amedrentar y silenciar.

Cristina Cuesta, Cristina cuando tenía 20 años asesinaron a su padre y a su escolta los comandos autónomos anticapitalista, una sección de ETA; ha sido promotora de la Asociación por la Paz, nacida en 1986 y del foro de Ermua en 1998, formado por escritores, periodista, artistas y profesores universitarios del País Vasco, entre otras obras

27 (2), 2012, p. 65.

23 Por ejemplo, El Colectivo de Víctimas del Terrorismo del País Vasco (COVITE), celebró la llegada de la ley, pero advierte que "más allá de la aprobación de normas y del reconocimiento de derechos, hay que poner el foco sobre la implementación de las primeras y el establecimiento de cauces efectivos para el ejercicio de los segundos…"

ha escrito, Contra el olvido: testimonios de víctimas del terrorismo, Madrid, Temas de Hoy, 2000.

Isabel San Sebastián, Es una prestigiosa periodista que recoge la voz de las víctimas de ETA en la época de transición y, entre ellos, por primera vez el testimonio de Ortega Lara. En su obra "Los años de plomo. Memoria en carne viva de las víctimas", Madrid, Temas de hoy, 2003. La autora reúne en esta obra entrevistas de víctimas directas de ETA y familiares de estas, en una época en la que las víctimas no lograban el reconocimiento actual.

José María Calleja e Ignacio Sánchez Cuenca, José María Calleja, periodista, escritor y profesor de universidad e Ignacio Sánchez Cuenca, profesor universitario de ciencia política, articulista de opinión y analista de la actualidad política y social española, ambos profesores escribieron juntos la obra "La derrota de ETA. De la primera a la última víctima (Madrid, Adhara, 2006)". Trata sobre la historia del terrorismo desde el punto de vista de las víctimas, en ese momento fue considerada como la obra más exhaustiva sobre las víctimas de terrorismo de ETA, además de tratar del clima político y de opinión cuando esas personas fueron asesinadas.

Rogelio Alonso, profesor de Ciencia Política y el periodista e historiador, **Florencio Domínguez Iribarren,** doctor en Comunicación Pública por la Universidad de Navarra, es redactor jefe de la Agencia Vasco Press en Bilbao y columnista de La Vanguardia y El Correo. Reconocido especialista en el conflicto del País Vasco, y el filólogo y estudioso del terrorismo **Marcos García Rey** son los autores de una obra fundamental, Vidas rotas. Historia de los hombres, mujeres y niños víctimas de ETA (Madrid, Espasa Calpe, 2010). Un texto extenso que recorre el período de 1960-2009 para mostrar la historia de ETA, sus objetivos, escisiones, estrategia, formas de actuación, negociaciones de la banda con los gobiernos del Estado, conversaciones sobre cómo combatir el terrorismo mantenidas entre estos gobiernos y partidos nacionalistas vascos, así como los lugares de refugio de los terroristas en el extranjero. En el libro hace énfasis en que "la historia debe recordar los nombres los nombres y apellidos de las víctimas del terrorismo, su identidad, para que el olvido no borre esa humanidad que el terrorista violó".

Esta es la recopilación de una serie de obras y autores que he considerado importantes y necesarias para incorporarlas a los currículos escolares, como material didáctico sobre víctimas del terrorismo.

VI. REFLEXIONES FINALES

La inclusión de buenas prácticas docentes en los currículos educativos es un importante avance en el reconocimiento y la visibilidad de las víctimas del terrorismo.

La presentación de sus relatos en entornos educativos puede ser considerada como una extensión de los esfuerzos para implementar la educación en derechos humanos, pues es un método docente que constituye una estrategia pedagógica con múltiples facetas, que busca transmitir valores fundamentales como el respeto a los derechos humanos, la tolerancia y la convivencia pacífica.

Es importante que este enfoque pedagógico esté bien fundamentado y sea sensible al daño sufrido, para que pueda desempeñar su objetivo principal que es sensibilizar a los estudiantes sobre la complejidad y gravedad de los actos terroristas.

También es necesario que este tipo de actividades sea en colaboración con expertos en psicología, derecho y otros campos relevantes para asegurar un enfoque global. Estos expertos pueden ofrecer valiosas perspectivas que enriquezcan la experiencia educativa. Entre otras cuestiones es necesario controlar versiones sesgadas, ni de ningún extremo ideológico, para mantener un equilibrio que permita a los estudiantes desarrollar un pensamiento crítico.

Para lograr una correcta implementación de todos estos objetivos, se produjo un avance mediante la elaboración de las unidades didácticas elaboradas por el ministerio de educación y el de interior, que hemos comentado anteriormente, así en unas Jornadas sobre 'Memoria y prevención del terrorismo' para presentar y difundir en la comunidad educativa el contenido de las unidades didácticas sobre terrorismo, Grande-Marlaska, ministro del interior, en la presentación de los programas educativos sobre víctimas del terrorismo mantuvo que "ahora, lo que necesitamos es el compromiso de las comunidades autónomas, de los propios centros educativos y de los profesores para hacer llegar a nuestras aulas ese proyecto de recuperar la memoria de las víctimas del terrorismo para dignificarla y que nos sirva para inculcar en nuestros jóvenes valores democráticos que nos permitan confiar en que la barbarie terrorista no volverá a repetirse".

Alegría, ministra de Educación y Formación Profesional, por su parte, subrayó que "mantener vivo el recuerdo de las víctimas es una tarea sin fecha de caducidad, y mucho menos lo es el trabajo de alentar una reflexión ciudadana crítica y alerta frente a cualquier intento de volver a utilizar la violencia para la consecución de objetivos políticos".

Para mantener vivo el recuerdo de las víctimas es necesario erradicar cualquier tipo de violencia ejercida sobre las víctimas y sus familiares, es necesario el diálogo, un correcto uso del diálogo, tanto desde el ámbito judicial como de los instrumentos extrajudiciales de resolución de conflictos y sobre todo no olvidar, porque el terrorismo forma parte de la historia de la democracia, por lo que es importante recordar el pasado para mejorar el futuro mediante herramientas que prevengan cualquier actuación terrorista.

En España, la educación sobre las víctimas no sólo se ve reflejada en esas unidades didácticas, pues es una preocupación de entidades gubernamentales a nivel nacional, pero sobre todo a nivel autonómico y de la sociedad civil. Lo que hemos visto es que entre sus objetivos está sembrar una conciencia pública y educar a las nuevas generaciones sobre la importancia de la memoria, justicia y la reparación de las víctimas del terrorismo, particularmente respecto al terrorismo perpetrado por ETA. Por lo que los programas y las fundaciones que hemos comentado, como la Fundación Miguel Ángel Blanco, la Fundación Víctimas del Terrorismo o la Asociación de Víctimas del terrorismo, son un pilar fundamental en la construcción de las buenas prácticas docentes sobre víctimas del terrorismo y las pioneras en su puesta en marcha.

Es evidente que existe un esfuerzo coordinado entre varias entidades para educar sobre las víctimas del terrorismo y que estos esfuerzos buscan promover la dignidad de las víctimas y los valores democráticos en la sociedad española actual, en consonancia con el desarrollo legislativo.

BIBLIOGRAFÍA

AA.VV.: Terrorismo, víctimas y medios de comunicación, editado por la Fundación Víctimas del Terrorismo y la Federación de Asociaciones de la Prensa de España, Madrid, 2003.

BISSON, J. y ANDREW, M. Psychological treatment of post-traumatic stress disorder (PTSD), Cochrane Database of Systematic Reviews, 3, 2007.

CATALÀ I BAS, A. H (dir.) y GARCÍA MENGUAL, F. (COORD.), El reconocimiento de las víctimas del terrorismo a través de la legislación y la jurisprudencia, Cátedra de Derecho Autonómico Valenciano, Fundación Profesor Manuel Broseta, Universitat de València, 2013.

CID SABUCEDO, A., PÉREZ ABELLÁS, A., & Zabalza Beraza, M. A. "Las prácticas de enseñanza realizadas/observadas de los «mejores profesores»" de la Universidad de Vigo, Educación XX1, 16, 2, 2013.

CHICKERING, A. W., & GAMSON, Z. F., "Seven principles for good practice in undergraduate education", AAHE Bull. 39, 3-7, 1987.

CHICKERING, A. W., & SCHLOSSBERG, N. K., Getting the most out of college. Allyn and Bacon, 1995.

FLECHA, R., & BUSLON, N., 50 años después del Informe Coleman. Las actuaciones educativas de éxito sí mejoran los resultados académicos [50 Years after the Coleman Report. SEAs Improve Academic Results]. International Journal of Sociology of Education, 5(2), 2016.

GARRIDO MAYOL, V., *Presentación: Memoria Fundación Profesor Manuel Broseta Pont,* Fundación Manuel Broseta. El desarrollo de las actividades enmarcadas en los convenios celebrados con el Ministerio del Interior, Fundación de Víctimas del Terrorismo y la Consellería de Justicia e Interior de la Generalitat Valenciana.

GOZALO DELGADO, M. (et. al.) Buenas prácticas del estudiante universitario que predicen su rendimiento académico, Educación XX1, vol. 25 nº. 1, 2022.

GESTO POR LA PAZ, "Violencia de Persecución", Bake hitzak-Palabras de Paz, 40, 2000.

HABERMAS, J., Teoría de la acción comunicativa, Taurus Humanidades, 1981.

LABIANO JUANGARCÍA, R., "Literatura comprometida frente al terror y el silencio. Las novelas sobre ETA de Luisa Etxenike: «El ángulo ciego», «Absoluta presencia» y «Aves del paraíso»". *Castilla. Estudios De Literatura,* 12, 2021.

LLERA, F.J., "La estrategia del miedo, ETA y la espiral del silencio en el País Vasco", Informe del Centro Memorial de las Víctimas del Terrorismo, 2017.

MATE, R., "Deber de memoria", en AA.VV.: Diccionario de memoria histórica. Conceptos contra el olvido, Coordinador Rafael Escudero Alday, Catarata, Madrid, 2011.

MINISTERIO DE EDUCACIÓN, El terrorismo en España: Unidad didáctica para historia de España, 2º Bachillerato, 2022.

RODRÍGUEZ MORALES, T. G., "El terrorismo y nuevas formas de terrorismo", Espacios Públicos, vol. 15, n. 33, Universidad Autónoma del Estado de México, Toluca, México, 2012.

RODRÍGUEZ URIBES, J.M., "Sobre la ley 29/2011, de 22 de septiembre, de reconocimiento y protección integral de las víctimas del terrorismo", Revista Asamblea 27 (2), 2012.

RODRÍGUEZ URIBES, J. M. "Ayuda y asistencia integral a las víctimas del terrorismo", Proceedings/Acts Council Of Europe. International Conference on Victims of Terrorism, San Sebastian (Spain), 16-17, 2011.

La educación en constitución en las aulas de enseñanza no universitaria españolas: algunas propuestas de implementación de buenas prácticas docentes[1]

MARÍA RUIZ DORADO
Profesora Ayudante Doctor de Derecho Constitucional UCLM

I. ¿EDUCACIÓN EN CONSTITUCIÓN? UN RETO PRESENTE

Ya en el año 2010, el Tribunal Constitucional español en su sentencia 133/2010, de 2 de diciembre (F.J. 7 a) puso de manifiesto que, el derecho fundamental a la educación, "implica no solo un proceso de mera transmisión de conocimientos, sino la aspiración a posibilitar el libre desarrollo de la personalidad y de las capacidades de los alumnos y la formación de ciudadanos responsables llamados a participar en los procesos que se desarrollan en el marco de una sociedad plural en condiciones de igualdad y tolerancia, y con pleno respeto a los derechos y libertades fundamentales del resto de sus miembros". Todo ello conlleva que la educación en Constitución —o si se prefiere educación cívica o educación política (*Politische Bildungdebe*[2]) como se denomina en Alemania— debe ser uno de los pilares

1 Este trabajo de investigación se ha realizado con la colaboración de la Fundación Profesora Manuel Broseta y en el marco del Proyecto de Generación del Conocimiento 2021 "Educar en valores, construir ciudadanías" (PID2021-127680OB-I00).

2 Para un estudio de la Politische Bildungdebe en Alemania *vid.* Massing, P., *Politische Bildung in der Bundesrepublik Deutschland: Grundlagen-Kontroversen – Perspe-*

del sistema educativo español desde las primeras etapas, ya que es en dicho sistema en el que tiene su plasmación práctica este derecho fundamental.

Sin embargo, esta necesidad fue percibida a inicios de la década de 2000 en el ámbito europeo, cuando el propio Comité de Ministros del Consejo de Europa, con el objetivo de proteger los derechos ciudadanos y fortalecer la sociedad democrática mediante la toma de conciencia de las responsabilidades que les atañen, emitió la Recomendación [REC (2002) 12] del Comité de Ministros a los Estados miembros sobre la educación para la ciudadanía democrática, adoptada el 16 de octubre de 2002. Bajo la denominación de educación para la ciudadanía democrática, el mencionado Comité de Ministros, asumió como una de sus funciones principales "[...] promover una sociedad libre, tolerante y justa y que contribuye, junto con las demás actividades de la Organización, a defender los valores y principios de la libertad, el pluralismo, los derechos humanos y el imperio de la ley, que son los fundamentos de la democracia". E instó a los Estados miembros a que implementasen políticas educativas en la que la educación en democracia ocupe una posición preferente y prioritaria.

Del mismo modo, en el año 2006, el Parlamento europeo y el Consejo elaboró la Recomendación de 18 de diciembre, sobre las competencias clave para el aprendizaje permanente; reconociéndose así las denominadas "competencias sociales y cívicas". En este sentido, la Recomendación mencionada con precedencia reconoció que la competencia cívica "prepara a las personas para participar plenamente en la vida cívica gracias al conocimiento de conceptos y estructuras sociales y políticas, y al compromiso de participación activa y democrática", y que "se basa en el conocimiento de los conceptos de democracia, justicia, igualdad, ciudadanía y derechos civiles, así como su formulación en la Carta de los Derechos Fundamentales de la Unión Europea y en declaraciones internacionales, y de su aplicación por parte de diversas instituciones a escala local, regional, nacional, europea e internacional. Ello incluye el conocimiento de los acontecimientos contemporáneos, así como de los acontecimientos más destacados y de las principales tendencias en la historia nacional, europea y mundial [...]". Y, desde hace ya algunos años, la propia Comisión Europea emite informes periódicos en los que se realiza un estudio comparado de las políticas na-

---

ktiven, 1ª Edición, Wochenschau Verlag, Alemania año 2021; ENNUSCHAT, J., "Educación política y Educación en valores democráticos en Alemania", en DÍAZ REVORIO, F.J. y VIDAL PRADO, C., *Enseñar la Constitución, Educar en democracia,* Thomson Reuters Aranzadi, Pamplona año 2021. Pp. 279-298.

cionales aplicadas en el ámbito de la educación para la ciudadanía en toda Europa[3].

Llegados a este punto deviene inevitable abordar ¿qué ha hecho el legislador español ante los requerimientos europeos y la doctrina del sumo intérprete y garante de la Constitución española?

En el año 2013, el legislador español, por fin tomó cierta consciencia de la importancia de la educación cívica y promulgó la L.O. 8/2013, de 9 de diciembre, para la mejora de la calidad educativa (en adelante LOMCE). En la LOMCE se consideró esencial "la preparación para la ciudadanía activa y la adquisición de las competencias sociales y cívicas"; y, a tales efectos, incorporó la educación cívica y constitucional a "todas las asignaturas durante la educación básica, de forma que la adquisición de competencias sociales y cívicas se incluyen en la dinámica cotidiana de los procesos de enseñanza y aprendizaje y se potencia de esa forma, a través de un planteamiento conjunto, su posibilidad de transferencia y su carácter orientador"[4].

Como se puede observar, se configuró las denominadas competencias sociales y cívicas como transversales, debiendo estar presente en todas las asignaturas, si bien es cierto que cobraron mayor importancia en asignaturas específicas (de carácter optativo) como *Valores Sociales* (en Educación Primaria) *y Valores Cívicos y Éticos* (en Educación Secundaria Obligatoria). Sin embargo, la LOMCE mantuvo silencio a la hora de implementar en el currículo de Bachillerato las competencias sociales y cívicas[5].

Recientemente, hemos vivido una nueva reforma en materia educativa operada por la L.O. 3/2020, de 29 de diciembre, por la que se modifica la Ley Orgánica 2/2006, de 3 de mayo, de Educación (en adelante LOMLOE)[6]. En cuanto a la Educación Primaria se refiere, como

---

3 *Vgr.* COMISIÓN EUROPEA, *Citizenship education at school in Europe,* Eurydice, Bruselas año 2017.

4 *Vid.* Apartado XIV de la Exposición de Motivos de la LOMCE.

5 Para un estudio en profundidad sobre la educación cívica en la España y en las distintas Comunidades Autónomas al amparo de la LOMCE *vid.* MAJANO CAÑO, M.J., RUIZ DORADO, M. y TRAVÉ VALLS, A, "La educación cívica en las Comunidades Autónomas", en: DÍAZ REVORIO, F.J. y VIDAL PRADO, C., *Enseñar la Constitución, Educar en democracia,* Thomson Reuters Aranzadi, Pamplona año 2021. Pp. 537-568.

6 Para un estudio crítico sobre la educación democrática en la LOMLOE *vid.* VIDAL PRADO, C., "la educación cívica en la última reforma educativa: Una (nueva) oportunidad perdida", *Anuario de Derecho Eclesiástico del Estado,* vol. XXXIX, año 2023. Pp. 499-523.

se desprende la Exposición de motivos, esta nueva regulación "ofrece una nueva redacción para la etapa de educación primaria, en la que se recuperan los tres ciclos anteriormente existentes, [...] y se añade en el tercer ciclo un área de Educación en Valores cívicos y éticos, en la cual se prestará especial atención al conocimiento y respeto de los Derechos Humanos y de la Infancia, a los recogidos en la Constitución española, a la educación para el desarrollo sostenible y la ciudadanía mundial, a la función social de los impuestos y la justicia fiscal, a la igualdad de mujeres y hombres y al valor del respeto a la diversidad, fomentando el espíritu crítico, la cultura de paz y no violencia y el respeto por el entorno y los animales".

En lo referente a la Educación Secundaria Obligatoria, también la regulación objeto de análisis ofrece una nueva redacción del articulado respectivo. Y, en materia de educación cívica, se establece que "En uno de los cursos de la etapa, todo el alumnado cursará la Educación en Valores cívicos y éticos, que prestará especial atención a la reflexión ética e incluirá contenidos referidos al conocimiento y respeto de los Derechos Humanos y de la Infancia, a los recogidos en la Constitución Española, a la educación para el desarrollo sostenible y la ciudadanía mundial, a la igualdad de mujeres y hombres y al valor del respeto a la diversidad, fomentando el espíritu crítico y la cultura de paz y no violencia".

Por último, en relación con la etapa de Bachillerato, el artículo único, apartado 24, por el que se modifica el artículo 32 de la LOE, en el punto uno se establece que "El bachillerato tiene como finalidad proporcionar formación, madurez intelectual y humana, conocimientos, habilidades y actitudes que permitan desarrollar funciones sociales e incorporarse a la vida activa con responsabilidad y competencia. Asimismo, esta etapa deberá permitir la adquisición y logro de las competencias indispensables para el futuro formativo y profesional y capacitar para el acceso a la educación superior". Y, entre los objetivos de esta etapa educativa encontramos el inalterado art. 33. a), en virtud del cual se identifica como objetivo: "Ejercer la ciudadanía democrática, desde una perspectiva global, y adquirir una conciencia cívica responsable, inspirada por los valores de la Constitución española así como por los derechos humanos, que fomente la corresponsabilidad en la construcción de una sociedad justa y equitativa".

Como se puede advertir la LOMLOE que modifica el sistema de educativo, centrándose en el desarrollo de determinadas competencias; competencias cuya adquisición tiene como objetivo que el alumnado alcance los perfiles de salida preestablecidos. Entre dichas competencias, se identifica como una de las competencias clave[7] la competencia ciudadana, que es la piedra angular de la educación cívica.

Los diversos Reales Decretos por los que se establecen, entre otros, los currículos de las etapas educativas de enseñanza básica (Educación Primaria y E.S.O.) y de Bachillerato, definen la competencia ciudadana en idénticos términos, el cambio principal estriba en los diferentes descriptores operativos previstos para cada etapa educativa.

En este sentido, se entiende que la competencia ciudadana "La competencia ciudadana contribuye a que alumnos y alumnas puedan ejercer una ciudadanía responsable y participar plenamente en la vida social y cívica, basándose en la comprensión de los conceptos y las estructuras sociales, económicas, jurídicas y políticas, así como en el conocimiento de los acontecimientos mundiales y el compromiso activo con la sostenibilidad y el logro de una ciudadanía mundial. Incluye la alfabetización cívica, la adopción consciente de los valores propios de una cultura democrática fundada en el respeto a los derechos humanos, la reflexión crítica acerca de los grandes problemas éticos de nuestro tiempo y el desarrollo de un estilo de vida sostenible acorde con los Objetivos de Desarrollo Sostenible planteados en la Agenda 2030". Y, se concretan como descriptores operativos:

Al completar la Educación Primaria, el alumno o la alumna...	**Al completar la enseñanza básica, el alumno o la alumna...**	**Al completar el Bachillerato, el alumno o la alumna...**
CC1. Entiende los procesos históricos y sociales más relevantes relativos a su propia identidad y cultura, reflexiona sobre las normas de convivencia, y las aplica de manera constructiva, dialogante e inclusiva en cualquier contexto.	CC1. Analiza y comprende ideas relativas a la dimensión social y ciudadana de su propia identidad, así como a los hechos culturales, históricos y normativos que la determinan, demostrando respeto por las normas, empatía, equidad y espíritu constructivo en la interacción con los demás en cualquier contexto.	CC1. Analiza hechos, normas e ideas relativas a la dimensión social, histórica, cívica y moral de su propia identidad, para contribuir a la consolidación de su madurez personal y social, adquirir una conciencia ciudadana y responsable, desarrollar la autonomía y el espíritu crítico, y establecer una interacción pacífica y respetuosa con los demás y con el entorno.

7 Entendiéndose por competencias clave los "desempeños que se consideran imprescindibles para que el alumnado pueda progresar con garantías de éxito en su itinerario formativo, y afrontar los principales retos y desafíos globales y locales" (arts. 2 b) RD 157/2022, de 1 de marzo, RD 257/2022, de 29 de marzo y RD 243/2022, de 5 de abril).

Al completar la Educación Primaria, el alumno o la alumna...	Al completar la enseñanza básica, el alumno o la alumna...	Al completar el Bachillerato, el alumno o la alumna...
CC2. Participa en actividades comunitarias, en la toma de decisiones y en la resolución de los conflictos de forma dialogada y respetuosa con los procedimientos democráticos, los principios y valores de la Unión Europea y la Constitución española, los derechos humanos y de la infancia, el valor de la diversidad, y el logro de la igualdad de género, la cohesión social y los Objetivos de Desarrollo Sostenible.	CC2. Analiza y asume fundadamente los principios y valores que emanan del proceso de integración europea, la Constitución española y los derechos humanos y de la infancia, participando en actividades comunitarias, como la toma de decisiones o la resolución de conflictos, con actitud democrática, respeto por la diversidad, y compromiso con la igualdad de género, la cohesión social, el desarrollo sostenible y el logro de la ciudadanía mundial.	CC2. Reconoce, analiza y aplica en diversos contextos, de forma crítica y consecuente, los principios, ideales y valores relativos al proceso de integración europea, la Constitución Española, los derechos humanos, y la historia y el patrimonio cultural propios, a la vez que participa en todo tipo de actividades grupales con una actitud fundamentada en los principios y procedimientos democráticos, el compromiso ético con la igualdad, la cohesión social, el desarrollo sostenible y el logro de la ciudadanía mundial.
CC3. Reflexiona y dialoga sobre valores y problemas éticos de actualidad, comprendiendo la necesidad de respetar diferentes culturas y creencias, de cuidar el entorno, de rechazar prejuicios y estereotipos, y de oponerse a cualquier forma de discriminación o violencia.	CC3. Comprende y analiza problemas éticos fundamentales y de actualidad, considerando críticamente los valores propios y ajenos, y desarrollando juicios propios para afrontar la controversia moral con actitud dialogante, argumentativa, respetuosa y opuesta a cualquier tipo de discriminación o violencia.	CC3. Adopta un juicio propio y argumentado ante problemas éticos y filosóficos fundamentales y de actualidad, afrontando con actitud dialogante la pluralidad de valores, creencias e ideas, rechazando todo tipo de discriminación y violencia, y promoviendo activamente la igualdad y corresponsabilidad efectiva entre mujeres y hombres.
CC4. Comprende las relaciones sistémicas entre las acciones humanas y el entorno, y se inicia en la adopción de estilos de vida sostenibles, para contribuir a la conservación de la biodiversidad desde una perspectiva tanto local como global.	CC4. Comprende las relaciones sistémicas de interdependencia, ecodependencia e interconexión entre actuaciones locales y globales, y adopta, de forma consciente y motivada, un estilo de vida sostenible y ecosocialmente responsable.	CC4. Analiza las relaciones de interdependencia y ecodependencia entre nuestras formas de vida y el entorno, realizando un análisis crítico de la huella ecológica de las acciones humanas, y demostrando un compromiso ético y ecosocialmente responsable con actividades y hábitos que conduzcan al logro de los Objetivos de Desarrollo Sostenible y la lucha contra el cambio climático.

Fuente: Anexos I RRDD 157/2022, 257/2022 y 243/2022

Si bien es cierto que se considera que la competencia ciudadana tiene carácter transversal y, por ende, ha de estar presente en todas las materias, en la educación básica (tanto Primaria como Secundaria obligatoria) se intensifica su presencia en ciertas áreas/materias y tiene una concreción específica en alguna de ellas. En cambio, en Bachillerato si que hay una mayor presencia, como veremos, en ciertas asignaturas, pero no se concreta en ninguna en particular[8].

Por último, a efectos del presente trabajo, cabe destacar la Disposición adicional cuadragésima primera LOMLOE en virtud de la cual "En el currículo de las diferentes etapas de la educación básica se atenderá al aprendizaje de la prevención y resolución pacífica de conflictos en todos los ámbitos de la vida personal, familiar y social, y de los valores que sustentan la democracia y los derechos humanos, que debe incluir, en todo caso, la igualdad entre mujeres y hombres, la igualdad de trato y la no discriminación, así como la prevención de la violencia de género y el acoso escolar o cualquier otra manifestación de violencia. Se recogerá asimismo el conocimiento de la historia de la democracia en España desde sus orígenes a la actualidad y su contribución al fortalecimiento de los principios y valores democráticos definidos en la Constitución española". Si atendemos a Exposición de Motivos de la LOMLOE, vemos con uno de los fines que pretende la disposición descrita con precedencia es satisfacer la necesidad de que la comunidad educativa estudie y analice nuestra memoria democrática, en aras a "asentar valores cívicos" y contribuir a "la formación de ciudadanas y ciudadanos más libres, tolerantes y con sentido crítico".

II. ALGUNOS APUNTES SOBRE LA EDUCACIÓN CÍVICA LOS CURRÍCULOS DE ENSEÑANZA BÁSICA Y BACHILLERATO

Como hemos puesto de manifiesto con antelación, la competencia ciudadana está presente, con mayor o menor intensidad, en todas las áreas/ materias de las diferentes etapas educativas no superiores, debido a su carácter transversal. A continuación, vamos a realizar un estudio sintético de aquellas áreas/materias en las que la competencia ciudadana tiene mayor plasmación y/o concreción.

---

8 Exceptuándose en algunas Comunidades Autónomas que, haciendo del margen de desarrollo curricular que ostentan en virtud del reparto competencial previsto en la CE y sus Estatutos de Autonomía, han implantado materias en las que se concreta la competencia ciudadana. *Vgr.* La Generalitat Valencia estableció una asignatura de carácter optativo, que se puede cursar en 1° y 2° de Bachillerato, denominada "Cultura Jurídica y Democrática" (Decreto 108/2022, de 5 de agosto, del Consell, por el que se establecen la ordenación y el currículo de Bachillerato).

1. Implementación de la competencia cívica en la enseñanza básica

La enseñanza básica se compone de dos etapas educativas: la *Educación Primaria* y la *Educación Secundaria Obligatoria* (E.S.O.).

- *Etapa de Educación Primaria*

En la etapa de Educación Primaria, en los tres ciclos que la componen, encontramos el área de "Conocimiento del Medio Natural, Social y Cultural", en la que la competencia ciudadana se intensifica sobre todo en el Saber básico "C. Sociedades y territorios".

De este modo, en el primer ciclo (Saber básico "C. Sociedades y territorios"), existe un bloque dedicado a la alfabetización cívica. En dicho bloque se abordan temas relacionados con: la identidad y diversidad cultural, teniendo presente la prohibición de discriminación; la cultura de paz y no violencia; la igualdad de género y conducta no sexista, entre otros.

En el segundo ciclo, al igual que sucedía en el primero, en el Saber Básico "C. Sociedades y territorios", encontramos un bloque dedicado a la alfabetización cívica. En este módulo, se va un paso más allá, y se abordan temas relativos a: la organización política y territorial de España; la organización y funcionamiento de la sociedad, con especial atención a las principales instituciones y entidades del entorno local, regional y nacional y los servicios públicos que prestan; la Estructura administrativa de España…

Por último, en el tercer ciclo, encontramos contenidos relacionados con la competencia ciudadana en casi todos los módulos que integran el Saber básico "C. Sociedades y territorios". Así pues, en el bloque "1. Retos del mundo actual", se abordan cuestiones sobre: la ciudadanía activa; los fundamentos y principios para la organización política y gestión del territorio en España; las acciones para la igualdad efectiva entre hombres y mujeres, etc.

En el bloque "2. Sociedades en el tiempo", se tratan temas de gran relevancia como: la Memoria democrática; el análisis multicausal del proceso de construcción de la democracia en España; la Constitución española de 1978, formas de participación en la vida pública, entre otros.

En el bloque "3. Alfabetización cívica", se estudia: el reconocimiento de la diversidad cultural y lingüística de España; los principios y valores de los derechos humanos y de la infancia y la Constitución española, derechos y deberes de la ciudadanía; la contribución del Estado y sus instituciones a la paz, la seguridad integral y la cooperación internacional para el desarrollo; la cultura de paz y no violencia especialmente el reconocimiento de las víctimas de la violencia; la organización política de España, haciendo hincapié en las principales entidades políticas y administrativas del entorno local, autonómico y nacional en España, así como en los sistemas de representación y de participación política; las principales instituciones de España y de la Unión Europea, de sus valores y de sus funciones; los ámbitos de acción de las instituciones europeas y su repercusión en el entorno...

Por otra parte, como ya hemos advertido, existe un área —ubicada "en alguno de los cursos del tercer ciclo de esta etapa" (art. 8.2 RD 157/2022, de 1 de marzo)— dedicada específicamente a la plasmación práctica de la competencia ciudadana. Entre los Saberes básicos que se identifican para dicha área, destacan dos: "A) Autoconocimiento y autonomía moral" y "B) Sociedad, justicia y democracia".

En Autoconocimiento y autonomía moral, se abordan cuestiones relativas a: la influencia y el uso crítico y responsable de los medios y las redes de comunicación; la prevención del abuso y el ciberacoso; el respeto a la intimidad, los límites a la libertad de expresión...

Y, en el segundo saber básico mencionado, se tratan temas relacionados con: la toma democrática de decisiones; los principios y valores constitucionales y democráticos; el problema de la justicia; la igualdad y la corresponsabilidad entre mujeres y hombres; la prevención de los abusos y la violencia de género; el respeto por las minorías y las identidades etnoculturales; la contribución del Estado y sus instituciones a la paz, la seguridad y la cooperación internacional; la seguridad integral del ciudadano; la valoración de la defensa como un compromiso cívico y solidario al servicio de la paz; los derechos humanos y de la infancia y su relevancia ética, entre otros

- *Etapa de Educación Secundaria Obligatoria (E.S.O.)*

Centrándonos en la etapa de la E.S.O., identificamos como materia en la que se concreta la competencia ciudadana, la "Educación en valores cívicos y éticos"; materia que, en virtud de lo dispuesto en el art. 10 RD 217/2022, de 29 de marzo, se deberá impartir en algún curso de esta etapa. Y, también, conviene destacar la materia "Geografía e Historia", en la que se intensifica la presencia de la competencia ciudadana.

En este sentido, Educación en valores cívicos y éticos está integrada por varios Saberes básicos, deviniendo especialmente relevantes a efectos de este trabajo "A) Autoconocimiento y autonomía moral" y "B) Sociedad, justicia y democracia".

En el primero, encontramos bloques dedicados al estudio de: la objeción de conciencia; el conflicto entre legitimidad y legalidad; los derechos individuales y el debate en torno a la libertad de expresión; el problema de la desinformación; la protección de datos y el derecho a la intimidad; el ciberacoso y las situaciones de violencia en las redes, etc.

Y, en el segundo, se abordan temáticas tales como: la política: ley, poder, soberanía y justicia; formas de Estado y tipos de gobierno; el Estado de derecho y los valores constitucionales; la democracia: principios, procedimientos e instituciones; la memoria democrática; la guerra, el terrorismo y otras formas de violencia política; las distintas generaciones de derechos humanos; la ciudadanía y la participación democrática; los códigos deontológicos; el derecho al trabajo, la salud, la educación y la justicia; el valor social de los impuestos; la igualdad de género y las diversas olas y corrientes del feminismo; el interculturalismo; la inclusión social y el respeto por la diversidad y las identidades etnocultural y de género; los derechos LGTBIQ+; la contribución del Estado y los organismos internacionales a la paz, la seguridad integral y la cooperación; la atención a las víctimas de la violencia, entre otros.

En cuanto a la materia "Geografía e Historia", presente en todos los cursos que componen la etapa, destaca en primer y segundo curso, el saber básico "Compromiso cívico" en el que se tratan cuestiones relativas a: dignidad humana y derechos universales; Convención sobre los Derechos del Niño; comportamientos no discriminatorios y contrarios a cualquier actitud segregadora; convivencia cívica y cultura democrática; incorporación e implicación de la sociedad civil en procesos democráticos; participación en proyectos comunitarios; la contribución del Estado y sus instituciones a la paz, a la seguridad integral ciudadana y a la convivencia social; ciudadanía europea; ideas y actitudes en el proyecto de construcción de una identidad común; la seguridad y la cooperación internacional…

En los cursos tercero y cuarto, encontramos mayor presencia de la competencia ciudadana en diversos saberes básicos. En este sentido, en el saber básico "A. Retos del mundo actual" se estudian cuestiones tales como: geopolítica y principales conflictos en el presente; genocidios y crímenes contra la humanidad; guerras, terrorismo y otras formas de violencia política; alianzas e instituciones internacionales, mediación y misiones de paz; injerencia humanitaria y Justicia Universal.

Del mismo modo, en "B. Sociedades y territorios", se abordan temas relativos a: las formaciones identitarias: ideologías, nacionalismos y movimientos supranacionales; ciudadanía europea y cosmopolita; el proceso de construcción europea; integración económica, monetaria y ciudadana; las instituciones europeas; la ley como contrato social; estudio desde la Constitución de 1812 a la Constitución de 1978; el ordenamiento normativo autonómico, constitucional y supranacional como garante del desarrollo de derechos y libertades para el ejercicio de la ciudadanía; la memoria democrática; las experiencias históricas dolorosas del pasado reciente y reconocimiento y reparación a las víctimas de la violencia; el principio de Justicia Universal.

Por último, en "C. Compromiso cívico local y global", encontramos diversos aspectos relacionados con: dignidad humana y derechos universales; Declaración Universal de los Derechos Humanos; diversidad social y multiculturalidad; integración y cohesión social; compromiso cívico y participación ciudadana; mediación y gestión pacífica de conflictos y apoyo a las víctimas de la violencia y del terrorismo; la igualdad real de mujeres y hombres; la discriminación por motivo de diversidad sexual y de género; la conquista de derechos en las sociedades democráticas contemporáneas; instituciones del Estado que garantizan la seguridad integral y la convivencia social; los compromisos internacionales de nuestro país en favor de la paz, la seguridad y la cooperación internacional, entre otros.

2. *Implementación de la competencia cívica en el Bachillerato*

En 1° de Bachillerato destaca como materia específica para la modalidad de Humanidades y Ciencias Sociales, la asignatura "Historia del Mundo Contemporáneo", en la que se abordan, como veremos, relevantes cuestiones en materia de Educación en cívica. Y, en 2° de Bachillerato, materia común a todas las modalidades, cobra especial relevancia la asignatura de Historia de España y, en concreto, los saberes básicos "B. Retos del mundo actual" y "C. Compromiso cívico".

Como anticipábamos, en la materia Historia del Mundo Contemporáneo (1° de Bachillerato), en concreto en el Saber básico "A. Sociedades en el tiempo", encontramos contenidos relacionados con: la Guerra Civil española, su internacionalización y el exilio republicano español; el Holocausto y otros genocidios y crímenes de lesa humanidad en la historia contemporánea; los organismos e instituciones para la paz: de la Sociedad de Naciones a la Organización de las Naciones Unidas; la injerencia humanitaria y la Justicia Universal; los conflictos fratricidas en el mundo contemporáneo: pasados traumáticos y memoria colectiva, así como el reconocimiento, reparación y dignificación de las víctimas de la violencia;

las transiciones políticas y procesos de democratización en los siglos XX y XXI; la memoria democrática, los movimientos sociales en favor de la igualdad de derechos, del reconocimiento de las minorías y contra la discriminación. entre otros.

En el saber básico "B. Retos del mundo actual", podemos detectar contenidos tales como: los nacionalismos como factor de conflicto y enfrentamiento entre pueblos y estados; las amenazas regionales y planetarias: terrorismo, crimen organizado, radicalismos, ciberamenazas y armas de destrucción masiva; los procesos de integración regional en el mundo; la construcción de la Unión Europea, situación presente y desafíos de futuro; las alianzas internacionales para el logro de los Objetivos de Desarrollo Sostenible; los retos de las democracias actuales: corrupción, crisis institucional y de los sistemas de partidos, tendencias autoritarias y movimientos antisistema, etc.

Por último, en el saber básico "C. Compromiso cívico", observamos temas tan relevantes al objeto de presente trabajo como: Conciencia y memoria democrática: conocimiento de los principios y normas constitucionales, ejercicio de los valores cívicos y participación ciudadana. Conocimiento y respeto a los principios y normas de la Declaración Universal de los Derechos Humanos. La memoria democrática en el marco del derecho internacional humanitario: verdad, justicia, reparación y garantía de no repetición.

- Identidad y sentimientos de pertenencia: reconocimiento de la diversidad identitaria, tolerancia y respeto ante las manifestaciones ideológicas y culturales y reconocimiento y defensa de la riqueza patrimonial.
- Igualdad de género: situación de la mujer en el mundo y actitudes frente a la discriminación y en favor de la igualdad efectiva entre mujeres y hombres; la valoración y respeto a la diversidad social, étnica y cultural: tolerancia e intolerancia en la historia del mundo contemporáneo; la defensa de los derechos de las minorías; la ciudadanía ética digital: respeto a la propiedad intelectual; la participación y ejercicio de la ciudadanía global a través de las tecnologías digitales; la prevención y defensa ante la desinformación y la manipulación; la solidaridad y cooperación: los grandes desafíos que afectan al mundo y las conductas tendentes al compromiso social, el asociacionismo y el voluntariado...

Por último, en la asignatura común de 2º de Bachillerato "Historia de España", encontramos como la competencia ciudadana está presente en todos los Saberes básicos previstos.

De este modo, en "A. Sociedades en el tiempo", encontramos cuestiones relacionadas con: el proceso de construcción nacional en España; estudio desde la centralización política y administrativa a la formación y desarrollo del estado liberal; el estudio comparado de los regímenes liberales y del constitucionalismo en España: de los inicios del régimen liberal y la constitución de 1812, los orígenes de la democracia, hasta la Constitución democrática de 1931; el golpe de Estado de 1936, la Guerra Civil y el Franquismo: aproximación a la historiografía sobre el conflicto y al marco conceptual de los sistemas totalitarios y autoritarios; la represión, la resistencia, el exilio y los movimientos de protesta contra la dictadura por la recuperación de los valores, derechos y libertades democráticas, etc.

En "B. Retos del mundo actual", se observan contenidos relativos a: la Memoria democrática: reconocimiento de las acciones y movimientos en favor de la libertad en la historia contemporánea de España, conciencia de los hechos traumáticos y dolorosos del pasado y del deber de no repetirlos; el reconocimiento, reparación y dignificación de las víctimas de la violencia y del terrorismo en España; las políticas de memoria en España; la cuestión nacional: conciencia histórica y crítica de fuentes para abordar el origen y la evolución de los nacionalismos y regionalismos en la España contemporánea; la Transición y la Constitución de 1978; la normalización democrática y la amenaza del terrorismo; el papel del España en Europa, entre otros.

Y, en el último saber básico y no menos importan, "Compromiso cívico", se abordan cuestiones tales como: "la conciencia democrática: conocimiento de los principios y normas constitucionales, ejercicio de los valores cívicos y participación ciudadana; la identidad y los sentimientos de pertenencia: reconocimiento de las identidades múltiples y de los símbolos y normas comunes del estado español; el comportamiento ecosocial: compromiso con los Objetivos de Desarrollo Sostenible; la ciudadanía ética digital: respeto a la propiedad intelectual; la prevención y defensa ante la desinformación y la manipulación; los valores del europeísmo: principios que guían la idea de la Unión Europea y actitud participativa ante los programas y proyectos comunitarios; la solidaridad y la cooperación: los grandes desafíos que afectan a España y al mundo y conductas tendentes al compromiso social, el asociacionismo y el voluntariado; la cultura de seguridad nacional e internacional; instrumentos estatales e internacionales para preservar los derechos, las libertades y el bienestar de la ciudadanía…

III. ALGUNAS CONSIDERACIONES SOBRE LAS BUENAS PRÁCTICAS DOCENTES

Debemos partir de la premisa de que, en la actualidad, no existe un concepto unánime, ni siquiera pacífico, de qué ha de entenderse por buenas prácticas docentes.

Son múltiples los autores que han tratado de dar luz ante este concepto tan loable, pero a la vez críptico. Ya en el año 1987, Arthur W. Chickering y Zelda F. Gamson[9], pese a no conceptualizar específicamente las buenas prácticas docentes, si que identificaron siete principios para las buenas prácticas docentes en enseñanzas universitarias, ejemplificándolos:

PRINCIPIO	EJEMPLO
Fomentar el contacto entre los estudiantes y el profesorado.	Los seminarios de primer año sobre temas de relevancia, impartidos por profesores especialistas, establecen una conexión temprana entres estudiantes y profesores en muchas Facultades y Universidades
Desarrollar la reciprocidad y la cooperación entre los estudiantes.	Los grupos de aprendizaje son una práctica común, en la que de cinco a siete estudiantes se reúnen regularmente durante el trimestre para resolver los problemas que les plantea el profesor.
Fomentar el aprendizaje activo.	Se fomenta el aprendizaje activo en clases que utilizan ejercicios estructurados, debates estimulantes, proyectos en equipo y críticas entre compañeros.
Dar retroalimentación rápida.	En el Bronx Community College, los estudiantes con escasa preparación académica han sido sometidos a pruebas minuciosas y han recibido tutorías especiales para prepararlos para los cursos introductorios.
Enfatizar el tiempo en la tarea.	Ofrecer a los estudiantes la oportunidad de integrar sus estudios en el resto de su vida les ayuda a aprovechar bien el tiempo.

9 CHICKERING, A.W. y GAMSON, Z.F., "Seven principles for Good practice un undergraduate education", *Washington Center New*, año 1987. Disponible en: https://www.lonestar.edu/multimedia/sevenprinciples.pdf Fecha de consulta: 15/11/2023.

PRINCIPIO	EJEMPLO
Comunicar altas expectativas.	La Universidad de Wisconsin-Parkside ha transmitido grandes expectativas a los estudiantes de secundaria con escasa preparación trayéndolos a la Universidad para realizar talleres en asignaturas académicas, técnicas de estudio, realización de exámenes y gestión del tiempo. Para reforzar expectativas, el programa implica a los padres y a los orientadores de los institutos.
Respetar los diversos talentos y formas de aprendizaje.	En el College of Public and Community Service, un centro para trabajadores mayores de la Universidad de Massachusetts-Boston, los nuevos estudiantes han seguido un curso de orientación que les anima a reflexionar sobre sus estilos de aprendizaje.

Centrándonos en la concreción de las buenas prácticas docentes, Rhonda M. Epper y A.W. Bates[10] afirman que, con dicho término, se hace alusión al "[...] proceso de identificación, aprendizaje y adaptación de prácticas y procesos notables de cualquier organización para ayudar a una organización a mejorar su rendimiento, en la configuración de nuevos entornos de enseñanza y aprendizaje y en la transformación de la cultura de la Academia y del docente".

Por su parte, Kein Bain[11] considera que se trata del "éxito a la hora de ayudar a sus estudiantes a aprender, consiguiendo influir positiva, sustancial y sostenidamente en sus formas de pensar, actuar y sentir". Al respecto, Julio Cabero y Rosalía Romero[12] entienden que las buenas prácticas docentes consisten en "[...] intervenciones educativas de los profesores y las instituciones que facilitan el desarrollo de actividades que permiten que los estudiantes alcancen los objetivos, y las capacidades y competencias establecidas".

---

10 EPPER, R. M. Y BATES, A.W., *Enseñar al profesorado cómo utilizar la tecnología. Buenas prácticas de instituciones líderes*, Barcelona: UOC, año 2004.

11 BAIN, K., *What the Best College Teacher Do*, Publicaciones de la Universidad de Valencia, año 2005. Traducción en castellano de Óscar Barberá disponible en: https://www.fceia.unr.edu.ar/geii/maestria/2014/DraSanjurjo/8mas/Ken%20Bain,%20Lo%20que%20hacen%20los%20mejores%20profesores%20de%20universidad.pdf Fecha de consulta: 16/11/2023.

12 CABERO, J. y ROMERO R. (2010). Análisis de buenas prácticas del e-learning en las universidades andaluzas. *Revista Electrónica Teoría de la Educación: Educación y Cultura en la Sociedad de la Información, 11* (1), 283-309.

En esta línea, el Grupo de Investigación y Multimedia de la UAB (DIM-UAB)[13] definen las buenas prácticas docentes como "Las intervenciones educativas que facilitan el desarrollo de actividades de aprendizaje en las que se logren con eficacia los objetivos formativos previstos y también otros aprendizajes de alto valor educativo". Pero dichos investigadores van un paso más allá e identifican una serie de factores que propician la efectividad de las buenas prácticas docentes.

En primer lugar, encontramos los factores que están relacionados con el profesorado: el conocimiento de las herramientas y recursos de los que puede disponer; compromiso con la investigación de las materias de su competencia; manejo de las Tecnologías de la Información y de la Comunicación (en adelante TICs), así como mantener una actitud innovadora en el aula...

En segundo lugar, se describen algunos factores relacionados con la administración educativa: implementación de incentivos, planes de formación, apoyo al profesorado y al centro; puesta a disposición de expertos externos en las respectivas materias; seguimiento de experiencias ya realizadas, etc.

En tercer lugar, podemos extraer factores relacionados con el Centro de Estudios: presencia de las TICs en el proyecto institucional; actitud favorable del equipo de dirección hacia nuevos ámbitos de innovación; adquisición y difusión de nuevos recursos educativos, entre otros.

De todo ello se desprende, en nuestra opinión, que por buenas prácticas docentes ha de entenderse el conjunto de actuaciones que realizan los miembros de la comunidad educativa en aras a facilitar el aprendizaje y la formación de los estudiantes, mediante la implementación de técnicas de innovación docente y de los valores cívicos que rigen una sociedad.

IV. PROPUESTAS DE INNOVACIÓN DOCENTE EN LA MATERIA, BASADAS EN LA COLABORACIÓN ENTRE LOS MIEMBROS DE LA COMUNIDAD UNIVERSITARIA Y DE LAS ENSEÑANZAS NO SUPERIORES

Con el fin de fomentar una educación cívica real y efectiva, en este epígrafe, comentaremos algunas acciones de innovación docente que han sido desarrolladas por un equipo de investigación en el marco de dos Proyectos

---

[13] GRUPO DE INVESTIGACIÓN Y MULTIMEDIA UAB (DIM-UAB), "Red de buenas prácticas 2.0.", *Revista DIM,* año 2015.

nacionales de investigación[14]. Acciones que conectan con los factores que contribuyen a las buenas prácticas docentes, identificados por el Grupo de Investigación DIM-UAB (que ya han sido objeto de estudio):

a) *Encuentros entre expertos y representantes de las Conserjerías de educación de diversas Comunidades Autónomas*

En colaboración con la Konrad-Adenauer-Stiftung, hemos organizado varios encuentros en los que han participado varios expertos (profesores universitarios, periodistas e investigadores) y miembros de distintas Conserjerías de educación de varias Comunidades Autónomas en los que se ha realizado una puesta en común sobre los contenidos relacionados con la educación cívica previstos en las mallas curriculares, así como los problemas que generan su implementación e impartición efectiva.

De este modo, se han producido intercambios de experiencias y conocimientos, del mismo modo que se ha producido un acercamiento de la Universidad al resto de enseñanza, en las que se han dado sinergias y todo ello ha contribuido a que las instituciones promuevan acciones en aras a la consecución de una educación cívica de calidad y efectiva.

A modo de ejemplo, se han llevado a cabo cursos de formación del profesorado (que analizaremos con posterioridad), propuestas de grupos de trabajos mixtos Universidad-enseñanzas no universitarias para la elaboración de materiales docentes, etc.

b) *Cursos de formación del profesorado*

A través de los respectivos Centros de Formación del Profesorado, se han llevado a cabo cursos de formación de profesorado de enseñanzas medias, que se encargan de impartir las asignaturas en las que tiene mayor presencia la competencia ciudadana[15]. En esos cursos, se han abordado temas tales como:

- La relevancia de la inclusión de un catálogo de derechos en la Constitución española desde el punto de vista histórico y social. El carácter abierto de la regulación de los derechos con relación a las normas internacionales de protección de derechos.

---

14 Proyecto Retos I+D+i "Enseñar la Constitución, Educar en democracia" y Proyecto de Generación del Conocimiento 2021 "Educar en valores, construir ciudadanías".

15 *Vid.* Epígrafe "Algunos apuntes sobre la educación cívica los currículos de enseñanza básica y bachillerato".

- Valores y principios democráticos en los textos internacionales. Tolerancia, pluralismo, igualdad, libertad, solidaridad, inclusión. Valores y principios en la Constitución española de 1978.
- Los derechos fundamentales (I): Dignidad humana y libre desarrollo de la personalidad. Derecho a la vida, a la integridad física y moral.
- Los derechos fundamentales (II): Libertad y seguridad, intimidad, honor, libertad religiosa y de conciencia.
- Los derechos fundamentales (III). Libertad de pensamiento, de expresión e información; derecho de reunión y asociación.
- Los derechos fundamentales (IV). derecho a la educación y libertad de enseñanza. Educación en igualdad y educación inclusiva.
- Los derechos fundamentales (V): Igualdad. Igualdad ante la Ley, respeto a la diversidad; igualdad entre hombres y mujeres,
- Los derechos fundamentales (VI): Los derechos de los menores y de las personas mayores; derechos de personas vulnerables; derechos de las personas con discapacidad. Derechos de los extranjeros en España.
- Los derechos fundamentales (VII). Otros derechos sociales y de prestación. Derechos de los trabajadores. Derecho a la huelga. Derechos económicos.
- El sistema de garantías de los derechos: la tutela judicial efectiva y el derecho a un proceso justo (art. 24 CE), el recurso de amparo, el Defensor del Pueblo.

El objetivo de estos cursos no es tanto el de dotar de conocimientos técnicos al profesorado, sino aportarle herramientas y materiales que les permitan afrontar los temarios que deben impartir, y máxime cuando no tienen porqué ser expertos en materia Constitucional. Así mismo, es una forma de establecer sinergias y que la Universidad también repercuta en la sociedad, más allá de los aportes científicos de los académicos.

c) *Clases de alumnos para alumnos*

Otras de las acciones que se han llevado a cabo, y que tuvo una buena acogida, fueron lo que denominamos "clases de alumnos para alumnos". Con uno de los grupos de alumnos universitarios del Grado en Derecho, en las materias del Área de Derecho Constitucional se trabajó los contenidos en materia de derechos fundamentales, así como la metodología de impartición de los mismo para dar una educación de calidad. Hablando con el equipo directivo de un Centro docente, se acordó un espacio en el que los alumnos universitarios previamente preparados y tutelados por un profesor de Derecho constitucional, impartiesen charlas en el que se abordasen cuestiones sobre derechos fundamentales y tutela de estos.

De este modo, los alumnos de enseñanzas básicas tenía como "profesor" a alguien más cercano a su edad, con el que conectaron y se sintieron más receptivos a la hora de recibir conocimientos que, en algunas ocasiones, pueden llegar a ser un tanto áridos. Por su parte, los alumnos del Grado en Derecho tomaron consciencia de la importancia del estudio y aprendizaje de estas materias, hicieron un esfuerzo no solo por comprenderlas sino por poder transmitirlo, y adquiriendo una ser de destrezas[16] (adicionales al conocimiento técnico) que estamos seguros que les serán de utilidad en el futuro.

V. REFLEXIONES FINALES

La educación democrática debe ser uno de los pilares del sistema educativo español. El conocimiento de la Constitución española de 1978 no es solo un derecho sino también un deber, que no puede quedar relegado a posiciones secundarios frente a la tecnocracia.

Para ser ciudadanos libres, no es necesario adquirir una titulación universitaria, pero si la alfabetización cívica. España es una democracia joven, en relación con el resto de los países de nuestro entorno, que se pudo conseguir con el consenso de todas las fuerzas políticas del momento. Esa pluralidad de opiniones permitió tener una Constitución de gran calidad que, si me permiten la expresión, "lleva más de 40 años aguantando los embistes que le propinan".

El conocimiento no sesgado de la Transición, de la organización política y territorial de nuestros Estado, así como los derechos y deberes constitucionales permiten crear ciudadanos críticos pero libres, y una voluntad general no manipulada. Y, en este punto, es dónde el sistema educativo se erige como la principal herramienta para su consecución.

La implementación de buenas prácticas docentes, los diálogos entre los diferentes actores de la comunidad educativa, la incentivación del alumnado, son piezas clave para mantener nuestro preciado Estado social y demo-

---

16 *Vgr.* Oratoria, capacidad de síntesis, empatía, etc.

crático de Derecho. Eso sí, sin olvidar las cuestiones del pasado, y deviniendo imprescindible el estudio de la memoria democrática.

Siendo conscientes de que muchas veces los profesores a los que se los encomienda ciertas materias en las que se intensifica la competencia cívica, no tienen una preparación sólida (pese al loable esfuerzo que realizan para impartirlas); siendo conscientes de que los materiales son escasos y a veces sesgados y que muchas veces los equipos directivos de los centros se ven sobrepasados; consideramos que la Universidad debe estar presente para tender la mano necesaria, ya que en ella es dónde se encuentran los auténticos estudiosos de tales temas. Por todo ello, esperamos que estas iniciativas que se han ido comentando en el presente trabajo sean de utilidad a futuro y sirvan de inspiración tanto a los poderes públicos como a los diferentes miembros de la comunidad educativa para continuar persiguiendo uno de los más loables fines de la educación que y advirtió el Tribunal Constitucional: "[…] posibilitar el libre desarrollo de la personalidad y de las capacidades de los alumnos y la formación de ciudadanos responsables llamados a participar en los procesos que se desarrollan en el marco de una sociedad plural en condiciones de igualdad y tolerancia, y con pleno respeto a los derechos y libertades fundamentales del resto de sus miembros".

BIBLIOGRAFÍA

BAIN, K., *What the Best College Teacher Do,* Publicaciones de la Universidad de Valencia, año 2005. Traducción en castellano de Óscar Barberá disponible en: https://www.fceia.unr.edu.ar/geii/maestria/2014/DraSanjurjo/8mas/Ken%20Bain,%20Lo%20que%20hacen%20los%20mejores%20profesores%20de%20universidad.pdf

CABERO, J. y ROMERO, R. (2010). Análisis de buenas prácticas del e-learning en las universidades andaluzas. *Revista Electrónica Teoría de la Educación: Educación y Cultura en la Sociedad de la Información, 11*(1), 283-309.

CHICKERING, A.W. y GAMSON, Z.F., "Seven principles for Good practice un undergraduate education", *Washington Center New,* año 1987.

COMISIÓN EUROPEA, *Citizenship education at school in Europe,* Eurydice, Bruselas año 2017.

ENNUSCHAT, J., "Educación política y Educación en valores democráticos en Alemania", en DÍAZ REVORIO, F.J. y VIDAL PRADO, C., *Enseñar la Constitución, Educar en democracia,* Thomson Reuters Aranzadi, Pamplona año 2021. Pp. 279-298.

EPPER, R. M. Y BATES, A.W., *Enseñar al profesorado cómo utilizar la tecnología. Buenas prácticas de instituciones líderes,* Barcelona: UOC, año 2004.

GRUPO DE INVESTIGACIÓN Y MULTIMEDIA UAB (DIM-UAB), "Red de buenas prácticas 2.0.", *Revista DIM,* año 2015.

MAJANO CAÑO, M.J., RUIZ DORADO, M. y TRAVÉ VALLS, A, "La educación cívica en las Comunidades Autónomas", en: DÍAZ REVORIO, F.J. y VIDAL PRADO, C., *Enseñar la Constitución, Educar en democracia,* Thomson Reuters Aranzadi, Pamplona año 2021. Pp. 537-568.

MASSING, P., *Politische Bildung in der Bundesrepublik Deutschland: Grundlagen-Kontroversen – Perspektiven,* 1ª Edición, Wochenschau Verlag, Alemania año 2021.

VIDAL PRADO, C., "la educación cívica en la última reforma educativa: Una (nueva) oportunidad perdida", *Anuario de Derecho Eclesiástico del Estado,* vol. XXXIX, año 2023. Pp. 499-523.

La innovación docente en los estudios de Máster. Una experiencia práctica en la enseñanza de la Corte Penal Internacional: de los MOOC, al estudio de casos y la evaluación colaborativa

LUCÍA APARICIO CHOFRÉ[1]

Resumen: La innovación docente ha ido adquiriendo una relevancia creciente en el sistema universitario en los últimos años, aun así, su aplicación en los estudios de Máster todavía continúa siendo escasa. En las siguientes líneas se expondrá una experiencia práctica de aplicación de tres innovaciones docentes diferentes como son: la introducción de los MOOC y diversos recursos audiovisuales, el estudio del caso y la evaluación colaborativa, en la impartición del módulo "Estructura y funciones de la Corte Penal Internacional" del Máster en Derechos Humanos, Paz y Desarrollo Sostenible de la Universidad de Valencia durante varias ediciones. Finalmente se realizarán una serie de conclusiones sobre los resultados obtenidos y la valoración realizada tras su introducción por los estudiantes.

Palabras Clave: Corte Penal Internacional, estudios de caso, MOOC, evaluación colaborativa, Derechos Humanos

Abstract: Teaching innovation has become increasingly relevant in the university system in recent years, although its application in Master's studies is still scarce. In the following lines we will present a practical experience of the application of three different teaching innovations, such as: the introduction of MOOCs and various audiovisual resources, the case study and collaborative assessment, in the teaching of the module "Structure and Functions of the International Criminal Court" of the Master in Human Rights, Peace and Sustainable Development of the University of Valencia during several editions. Finally, a series of conclusions will be drawn on the results obtained and the assessment made after its introduction by the students.

Keywords: International Criminal Court, case studies, MOOCs, colaborative review, Human Rights

---

1 Profesora Ayudante Doctora, Departamento de Filosofía del Derecho y Política de la Universidad de Valencia, lucia.aparicio@uv.es, ORCID: 0000-0002-0273-2171. Este capítulo es resultado del proyecto de investigación "Los nuevos derechos humanos: teoría jurídica y praxis política (PID2019-111115GB-I00), financiado por MCIN/AEI/10.13039/501100011033".

SUMARIO: I. INTRODUCCIÓN. II. RECURSOS AUDIOVISUALES Y MOOCS. III. EL ESTUDIO DE CASOS. IV. LA EVALUACIÓN COLABORATIVA. V. CONCLUSIONES. VI. REFERENCIAS BIBLIOGRÁFICAS

1. INTRODUCCIÓN

La innovación docente parece haberse generalizado en los últimos años a nivel universitario, para fascinación y entusiasmo de algunos docentes y cautela y desconfianza por parte de otros, más reacios a cambiar su tradicional metodología de enseñanza. Pero la realidad es que su aplicación sigue teniendo todavía un carácter predominante en los estudios de grado, siendo más escasas las experiencias de este tipo desarrolladas todavía en los estudios de Máster, con excepción del Máster de formación del profesorado (Ordónez-Olmedo 2017, p. 150, Rosa y Martín 2012, p. 268 y Fidalgo, Collado y Senís, 2019). De ahí la relevancia de la experiencia de la implementación de diversas metodologías de innovación docente en un módulo de estudios de posgrado y su consolidación y ampliación durante varias ediciones que a continuación se presentará.

En concreto en el presente capítulo se expondrá la experiencia de innovación docente desarrollada durante más de una década en la impartición del módulo “Estructura y funciones de la Corte Penal Internacional” del Máster en Derechos Humanos, Paz y Desarrollo Sostenible de la Universidad de Valencia[2].

Este módulo forma parte del itinerario profesional del mencionado Máster, que se imparte en el segundo cuatrimestre, entre el 24 de enero y el 24 de marzo, y tiene una carga lectiva de 2,5 créditos ECTS, que se corresponden con 25 horas de clase presencial en el aula, que se distribuyen en 7 sesiones con una duración que oscila entre las 2 y las 4 horas en horario de tarde[3].

---

2 Una información más detallada sobre el Máster en Derechos Humanos, Paz y Desarrollo Sostenible se puede obtener en el siguiente enlace: https://www.uv.es/uvweb/master-derechos-humanos-paz-desarrollo-sostenible/es/master-universitario-derechos-humanos-paz-desarrollo-sostenible-1285903667003.html

3 El cronograma de la asignatura en el curso académico 2022-2023 fue el siguiente:
1 ª sesión: 24 de enero 2023 (15,30-19,30)-4h
2ª sesión: 1 de febrero 2023 (15,30-17,30)-2h
3º sesión: 23 de febrero 2023 (15,30-19,30)-4h

La impartición de estas sesiones corre a cargo de dos docentes, una sesión de 5 horas de duración la imparte el Profesor Luis Cucarella Galiana, Catedrático de Derecho Procesal de la Universidad de Valencia que se encarga de explicar todo lo relativo al procedimiento ante la Corte Penal Internacional y el resto del contenido del módulo corresponde su explicación a la autora de estas líneas que es también la coordinadora de éste.

De esta forma el contenido del módulo se estructura en los siguientes nueve apartados o ejes temáticos[4]:

1. Un nuevo hito en la evolución del derecho internacional.
2. Los antecedentes del Tribunal Penal Internacional.
3. Los orígenes de la Corte Penal Internacional: la Comisión de Derecho Internacional.
4. La creación de la Corte Penal Internacional: El Estatuto de Roma.
5. La Corte Penal Internacional (naturaleza, sede, idiomas, financiación, crímenes y principios de funcionamiento).
6. Órganos y composición del Tribunal Penal Internacional.
7. Los crímenes competencia de la Corte Penal Internacional.
8. El Procedimiento ante la Corte Penal Internacional.
9. Estudio de casos de la Corte Penal Internacional.

4ª sesión: 1 de marzo de 2023 (17,30-19,30) 2h
5ª sesión: 2 de marzo de 2023 (15.30-20.30) 5 h
6ª sesión: 9 de marzo de 2023 (15.30-19.30) 4 h
7ª sesión: 27 de marzo de 2023 (15,30-19,30)-4 h

4 En cuanto a la bibliografía básica que se les ofrece a los estudiantes para la preparación del módulo se pueden destacar: Lirola, I y Martín, M. (2001), *La Corte Penal Internacional, Justicia versus Impunidad,* Ariel Derecho, Barcelona; Cabezudo, N. (2002), *La Corte Penal Internacional,* Dykinson, Madrid; Gómez, J, González, J y Cardona, J. (2003), *La Corte Penal Internacional (Un estudio interdisciplinar),* Tirant lo Blanch, Valencia; Ambos, K y de Hoyos, M. (2008). *Cuestiones esenciales en la jurisprudencia de la Corte Penal Internacional,* Comares, Granada; Fornasari, G y Wenin, R. (2009), *Problemi attuali della giustizia penale internazionale,* Università degli Studi di Trento, Trento y Ambos, K. (2006), *Temas de Derecho penal internacional y europeo,* Marcial Pons, Madrid. También a fin de profundizar más en el contenido del módulo se proporciona a los estudiantes del Máster información sobre el Curso modelo sobre Derecho Internacional Penal y Corte Penal Internacional disponible en la propia página web de la Corte Penal Internacional y que se puede consultar en el siguiente enlace: https://www.icc-cpi.int/get-involved/derecho-internacional-penal

En cuanto a la composición y características del alumnado que cursa esté módulo se puede destacar que, aunque su número es variable según cada curso académico, este suele rondar la treintena de estudiantes.

Por lo que respecta a su naturaleza, esta acostumbra a ser bastante heterogénea debido a diversos factores.

En primer lugar, la procedencia de los estudiantes que suele ser tanto de carácter nacional como internacional, contando con estudiantes de diversos continentes, pero principalmente europeos y latinoamericanos. Pero hay que destacar que desde los últimos cursos se aprecia la presencia también de estudiantes asiáticos. Este elemento resulta también determinante en cuanto a su dominio del idioma español, que será crucial para el seguimiento y la evaluación del módulo, por la naturaleza de las actividades a realizar y que posteriormente se detallarán, ya que en algunos casos los estudiantes no cuentan con un total dominio del idioma[5].

En segundo lugar, otro elemento destacable es la interdisciplinariedad en cuanto a su formación de grado previa, así además de juristas, otros estudiantes tienen un grado previo en Relaciones Internacionales, psicología, sociólogos, trabajo social, filosofía, etc.

Un tercer elemento distintivo, es la edad y la experiencia profesional previa, ya que en el aula conviven estudiantes más mayores que cuentan con experiencia profesional previa en sus países de origen con otros estudiantes, en buena parte nacionales y europeos, que son recién graduados.

Una vez señaladas las características principales del módulo a continuación se indicarán, y se desarrollarán más detalladamente en los siguientes apartados, las diferentes herramientas de innovación docente que se han ido implementando, de forma sucesiva y en ocasiones cumulativa, a fin de mejorar tanto el aprendizaje de los estudiantes como su interés por el contenido del módulo.

A estos efectos y siguiendo un criterio cronológico la primera innovación que se implementó, hace más de una década, fue la metodología del caso a fin de poder evaluar el aprendizaje de los estudiantes y proceder a la calificación del módulo.

---

5 A fin de poder salvar en algunos casos extremos esta barrera idiomática se ha permitido que algunos estudiantes con más dificultades pudieran realizar su exposición del caso en inglés.

En segundo lugar, en el último quinquenio, y a fin de democratizar el aprendizaje, se introdujo la evaluación colaborativa mediante la utilización de rúbricas para la puntuación de las exposiciones de casos.

Y finalmente en las últimas tres ediciones, se han ido introduciendo una serie de recursos audiovisuales, elaborados por la propia Corte Penal Internacional o cursos MOOC, a fin de afianzar los conocimientos de los estudiantes, teniendo en cuenta la relevancia que estos medios han adquirido en las nuevas generaciones y su aprendizaje.

En cuanto a los resultados de la introducción de la innovación docente, aunque se profundizará más posteriormente en las conclusiones del presente capítulo, se puede adelantar que con carácter general su implantación ha tenido como consecuencia un aumento en el dinamismo de las sesiones y también ha redundado en un creciente interés, atención y compromiso por parte de los estudiantes, lo que se ha traducido en una mayor participación y en unos mejores resultados académicos.

La introducción de estos mecanismos de innovación docente además ha permitido no sólo trabajar los contenidos aprendidos de una forma más práctica y directa, sino que también les ha proporcionado una serie de valiosas competencias para la continuación de sus estudios de Máster y la realización de su futuro Trabajo de Fin de Máster.

De esta forma los estudios de Máster por sus características, en cuanto al número más limitado de alumnos y sus especiales características, el contenido limitado de las materias y su concentración temporal, así como su posible aplicación práctica inmediata en el ámbito profesional, se presentan como un excelente campo de pruebas para la implementación de este tipo de metodologías de innovación docente.

II. RECURSOS AUDIOVISUALES Y MOOCS

La introducción de esta innovación educativa, que ha sido la última en implementarse en este módulo, tal y como anteriormente se ha señalado durante las tres últimas ediciones del Máster, responde a dos tipos de razones.

En primer lugar, mediante la utilización de diversos materiales audiovisuales producidos por la propia Corte Penal Internacional y otro tipo de videos en los que se contenían entrevistas con personalidades relevantes de la Corte, como la anterior fiscal Fatou Bensouda, se pretendía acercar el conocimiento de la materia a través de sus protagonistas a los estudiantes.

Unos testimonios que, por razones tanto logísticas como económicas, debido a las limitaciones, tanto temporales como presupuestarias, en la organización de este tipo de estudios sería muy difícil lograr que se produjeran de una forma presencial.

En segundo lugar, su utilización responde por otra parte, a la necesidad de un mayor acercamiento y conexión con los estudiantes y su forma de aprender, que se ha ido transformando durante los últimos años y todavía más desde la pandemia del COVID-19, en la que se aprecia como las nuevas tecnologías y los recursos digitales han adquirido una relevancia creciente como herramienta educativa y fuente de aprendizaje.

Una revolución tecnológica que ha propiciado que las nuevas generaciones ya no confíen en los medios de comunicación y conocimiento tradicionales, como la televisión, la prensa o los manuales para informarse y aprender y busquen cauces alternativos de información y conocimiento, principalmente en plataformas y recursos digitales. Una tendencia cuyas consecuencias también se aprecian en el mundo educativo universitario.

Así mediante la utilización de estos materiales audiovisuales de calidad se perseguía una doble finalidad, hacer más dinámicas las sesiones y reforzar o sintetizar los contenidos explicados anteriormente en el aula. Su utilización también permitió enseñar a los estudiantes a discriminar entre las distintas fuentes de información y académicas[6] y seleccionar aquellas que tienen una relevancia y autoridad científica.

Por lo que respecta a los materiales audiovisuales utilizados, estos en su mayor parte procedían de la propia Corte Penal Internacional, que en los últimos años ha realizado un importante esfuerzo para actualizar su página web y otros de sus canales de comunicación en redes sociales, generando un valioso contenido en español.

De esta forma durante el curso se seleccionaron una serie de materiales, que a continuación se detallarán, en función del contenido de cada una de las sesiones teóricas. Estos videos o entrevistas se utilizaban al final de cada sesión o antes del intermedio a fin de reforzar y ampliar el contenido explicado en el aula, en unos momentos finales en los que el nivel de atención de los alumnos suele decaer.

---

6 Ante el tsunami informativo, en ocasiones se aprecia una falta de rigor por parte de los estudiantes a la hora de discriminar y seleccionar las fuentes bibliográficas adecuadas para realizar sus investigaciones, así no resulta de nada inusual encontrar Trabajos de Fin de Máster donde se cita a la Wikipedia como fuente de información relevante.

Por lo que se refiere a los materiales utilizados se puede resaltar que estos destacan por su excelente calidad audiovisual y de contenidos, además su duración no suele exceder los 10 minutos y también porque los narradores son personalidades como el Presidente, magistrados o altos funcionarios de la Corte y su visualización sirve para humanizar la Corte y acercarla su labor a los estudiantes.

Entre los materiales utilizados se pueden enumerar los siguientes[7]:

- "La Corte en síntesis": Introducción a la CPI, Magistrada Luz del Carmen Ibáñez Carranza, Vicepresidenta Primera, 17,34 minutos de duración[8].
- "La Corte en síntesis": Conclusiones finales, "Esta causa…es la causa de toda la humanidad". Renan Villacis, Director de la Secretaría de la Asamblea de Estados Parte de la CPI, 5, 33 minutos[9]
- Reparación de víctimas y el Fondo Fiduciario en favor de las Víctimas, Jennyffer Urrutia, Oficial Adjunta de Programas de la CPI, 7,17 minutos[10].
- Derechos del acusado. Esteban Peralta, Jefe de la Sección de Apoyo a los Abogados de la CPI, chos del acusado, 5,41 minutos[11]
- Cooperación, Osvaldo Zavala, Asesor Adjunto de Relaciones Exteriores y Cooperación de la CPI, 6,49 minutos[12].

---

7 Además de los videos seleccionados, la Corte Penal Internacional dispone de otros también interesantes, tanto en castellano como en inglés, que por razones de tiempo y planificación no se utilizaron en el aula pero sí que se recomendó su visualización a los estudiantes como material complementario al abordar cuestiones como los principios generales, Responsabilidad individual criminal, las etapas del proceso judicial, la Participación de víctimas en el proceso judicial de la CPI, la Protección de víctimas en los procesos judiciales ante la CPI y que se pueden consultar en los siguientes enlaces: https://www.icc-cpi.int/get-involved/la-corte-en-sintesis y https://www.youtube.com/@intlcriminalcourt/videos

8 Este video se puede consultar en el siguiente enlace: https://www.youtube.com/watch?v=3AT1Cr-p4qY&t=17s

9 Este video se puede consultar en el siguiente enlace: https://www.youtube.com/watch?v=b3XQMMr9F_M&feature=youtu.be

10 Este video se puede consultar en el siguiente enlace: https://www.youtube.com/watch?v=FuSXWcE-G0s&feature=youtu.be

11 Este video se puede consultar en el siguiente enlace: https://www.youtube.com/watch?v=SSkeXvpMa2A

12 Este video se puede consultar en el siguiente enlace: https://www.youtube.com/watch?v=COhY7atw9tI

- "La Corte en síntesis": Exámenes Preliminares e Investigaciones de la Fiscalía, Franco Matillana, analista de situación adjunto, 7,38 minutos[13].
- El crimen de genocidio, Magali Bobbio, Oficial Jurídica Adjunta de la CPI, 7 minutos[14].
- Crímenes de lesa humanidad, Juan Pablo Calderón Meza, Oficial Jurídico Adjunto de la CPI, 5,24 minutos[15]
- Crímenes de guerra, Ania Salinas, Oficial Jurídica Adjunta de la CPI, 6 minutos[16]
- Crimen de agresión, Enrique Carnero, Oficial Jurídico de la CPI, 4,55 minutos[17].
- The Trauma Expert, Psicóloga de la CPI, este únicamente está disponible en inglés, 3,37 minutos[18].
- The Litigator, Pubudu Sachithanandan, Abogado ante la CPI, este únicamente está disponible en inglés,3,49 minutos[19].

Además de este material producido por la propia Corte Penal internacional también se utilizó la entrevista realizada a la anterior Fiscal Fatou Bensouda en el marco del curso MOOC (Aparicio y Gómez 2014) de la Universidad de Lieden titulado "International Law in Action: A Guide to the International Courts and Tribunals in The Hague" disponible en la plataforma Coursera[20].

---

13 Este video se puede consultar en el siguiente enlace: https://www.youtube.com/watch?v=-41piWZ65QA

14 Este video se puede consultar en el siguiente enlace: https://www.icc-cpi.int/get-involved/la-corte-en-sintesis

15 Este video se puede consultar en el siguiente enlace: https://www.youtube.com/watch?v=CVazu-GEnOw

16 Este video se puede consultar en el siguiente enlace: https://www.youtube.com/watch?v=vO-4WekjxnE

17 Este video se puede consultar en el siguiente enlace: https://www.youtube.com/watch?v=NEk6yE4Kkj0

18 Este video se puede consultar en el siguiente enlace: https://www.youtube.com/watch?v=wEqyEfw6mC8

19 Este video se puede consultar en el siguiente enlace: https://www.youtube.com/watch?v=7m7WuyWXoyY

20 Esta entrevista se puede consultar en el siguiente enlace: https://www.coursera.org/lecture/international-law-in-action/interview-with-icc-prosecutor-

Tras la implementación de esta innovación docente en el aula se puede destacar que la educación superior y en especial las enseñanzas de Máster, no se pueden quedar atrás en la utilización de nuevos materiales educativos que la generalización de las nuevas tecnologías y otros canales de información y comunicación nos brinda.

Unos recursos que, si poseen el rigor científico y académico necesarios, como los anteriormente mencionados, permiten no sólo mejorar la calidad de nuestras docencia, reducir nuestros esfuerzos en la preparación e impartición de las clases, sino también, al mismo tiempo, llevar a cabo nuevas formas de impartición del conocimiento más acordes con las preferencias y hábitos de los estudiantes del siglo XXI abriendo así la puerta a formas alternativas de docencia como la propuesta por Finkel, D. (2008) en su obra *Dar clases con la boca* cerrada, a la que tantos docentes todavía se resisten y que desde el punto de vista educativo y psicológico podría mejorar el proceso de aprendizaje de los estudiantes.

III. EL ESTUDIO DE CASO

La segunda herramienta de innovación educativa que se implementó en la impartición de la docencia de este módulo fue la del estudio de caso. Su introducción obedeció a la necesidad de evaluar los conocimientos de los alumnos de cara a su calificación del módulo.

Se optó por esta metodología al considerar que por la naturaleza de la materia ésta permitía además de valorar adecuadamente la adquisición de conocimientos ejercitar distintas competencias cuya adquisición es necesaria en este tipo de estudios (Jiménez 2012, p. 142, Alfaro, Mendoza y Porras, 2011, Forni, 2010, p. 61).

Así desde la primera sesión del módulo se informó a los estudiantes que debían escoger uno de los casos que estaban siendo enjuiciados o investigados por la Corte Penal Internacional a fin de elaborar un trabajo que debía ser expuesto oralmente en la última sesión del módulo del Máster.

La metodología para su elaboración ha ido variando en las sucesivas ediciones del Máster, en un primer momento se optó por un trabajo grupal de un máximo de 3 estudiantes, pero en los últimos cursos se ha preferido

---

fatou-bensouda-U6iUJ?utm_source=link&utm_medium=page_share&utm_content=vlp&utm_campaign=top_button

que sea un trabajo individual a fin de lograr una mayor objetividad en la calificación del módulo.

A este respecto los estudiantes tienen total libertad a la hora de poder elegir el caso de su elección que investigarán y expondrán, con la única condición que no haya sido ya seleccionado por ninguno de sus compañeros. A fin de facilitar su elección se les proporciona a los estudiantes, a través del aula virtual, el enlace correspondiente de la Corte Penal Internacional en el que pueden consultar el listado de casos disponibles[21] y en la misma plataforma se cuelga un listado confeccionado por la docente y que va actualizando periódicamente en función de los casos seleccionados ya por sus compañeros.

Por otra parte, se suministra a los estudiantes una serie de indicaciones en cuanto a las características generales del estudio, pero que en buena medida dependerán del estado procesal de cada caso y parámetros a la hora de elaborar el estudio de caso y también los diferentes ítems que se tendrán en cuenta para su evaluación.

En cuanto a las indicaciones generales para la elaboración del estudio se les señala que este debe contener un índice de la exposición, unos antecedentes del caso, el origen en relación con la proveniencia de la investigación del caso por parte de la Corte Penal Internacional, a saber: remisión por el propio Estado, por otros Estados, por el Consejo de Seguridad de Naciones Unidas etc, si el estado investigado es parte del Estatuto de Roma, los supuestos delitos que dan origen al caso, el desarrollo judicial del mismo, el número de víctimas participantes en caso de que se haya procedido a su enjuiciamiento, unas conclusiones y una bibliografía final.

De esta forma los estudiantes disponen de casi dos meses, mientras se les va explicando en las diferentes sesiones los elementos principales de la Corte Penal Internacional y su funcionamiento, para la elaboración de su estudio de caso que después deberán exponer en la última sesión durante un tiempo limitado de 10 minutos. Para preparar su exposición pueden apoyarse en el material complementario que precisen siempre dentro del tiempo concedido. Finalmente deberán entregar, a través del aula virtual, alguna evidencia elaborada por ellos al docente para su calificación.

A modo de conclusión se puede resaltar como la utilización de la metodología del estudio del caso permitió que los estudiantes pudieran investigar y conocer de primera mano, de una forma práctica, el funcionamiento

21 Este listado se puede consultar en el siguiente enlace https://www.icc-cpi.int/cases

de la Corte Penal Internacional y la complejidad de los asuntos que investiga además de la importancia de la cooperación y colaboración de los Estados parte, fomentando así su capacidad de investigación y de síntesis aplicando la estrategia educativa del *learning by doing.*

Una innovación docente que apuesta por una metodología constructivista en la que se concede un mayor protagonismo al estudiante, como propio generador de su propio aprendizaje y además le motiva al tener que explicar y compartir el conocimiento adquirido con sus compañeros, afianzando así lo aprendido.

A fin de reforzar este conocimiento y generar nuevo, después de cada presentación siempre se dejaba un tiempo para la formulación de preguntas y el comentario de cuestiones relevantes, tanto por parte del docente como del resto de compañeros, fomentando así el debate y el intercambio de conocimiento.

El amplio número de estudiantes de Máster participantes en el módulo permite además abarcar casi por completo todos los casos investigados o enjuiciados por la Corte Penal Internacional lo que posibilita que el estudiantado tenga una visión más completa de todo el procedimiento y sus distintas fases procesales, además de adentrarse en algunos conflictos y violaciones de Derechos Humanos, en especial en el continente africano que con carácter general desconocían[22].

IV. LA EVALUACIÓN COLABORATIVA

La tercera y última innovación docente implementada ha sido la evaluación colaborativa, con el objetivo de aumentar el protagonismo del estudiante, su responsabilidad y espíritu crítico en su propio aprendizaje.

La evaluación entre iguales o por pares es considerada como "una forma específica de aprendizaje colaborativo en el que los aprendices reali-

---

22 A título meramente ejemplificativo algunos de los casos que se expusieron durante la última edición del módulo durante el curso académico 2022-2023, fueron los siguientes: Ruto and Sang, Abd-Al-Rahman, D.Ongwen, Simone Gbagbo, Kony et al., Mbarushimana, Gaddafi, Abu Garda, Harun, Hussein, Yekatom y Ngaïssona, Ntaganda, Al Hassan, Said, Al Mahdi, Al-Werfalli, Al Bashir, T. Lubanga, Bemba, Gicheru, Katanga, Banda, Ngudjolo Chui, Mokom: Maxime Jeoffroy Eli Mokom Gawaka, Sylvestre Mudacumura, Bett, Uhuru Muigai Kenyatta o Gbagbo y Blé Goudé.

zan una valoración sobre el proceso o producto de aprendizaje de todos o de algún estudiante o grupo de estudiantes" (Ibarra, Rodríguez y Gómez, 2012, p. 5).

Una metodología que según diversas investigaciones contribuye a acentuar el rendimiento, desarrollar habilidades interpersonales como la empatía, afianzar la confianza, la capacidad de autoevaluación y de evaluación a los compañeros, incrementar la comunicación y la comprensión de los contenidos y mejorar la dinámica entre grupo de estudiantes (Ibarra et al., 2012, Gómez y Quesada, 2017, Barriopedro, López, Gómez y Rivero, 2015, Delgado, Medina y Becerra, 2020, p. 15).

De esta forma en la primera sesión del módulo se informó a los estudiantes que su evaluación iba a ser conjunta y se les explicó la metodología a emplear. En concreto, se les facilitó la rúbrica de evaluación, que a continuación se detallará, que cada uno de ellos tendría que utilizar para puntuar cada una de las exposiciones de sus compañeros en el estudio del caso. También se les facilitaron una serie de instrucciones como que la calificación sería anónima, para que así tuvieran una mayor libertad[23], pero se les advirtió que la docente no tendría en cuenta aquellas rúbricas en las que todos los trabajos hubieran sido puntuados con la mayor nota. Finalmente, se les recordó que debían procurar ser lo más objetivos posibles en su puntuación y que su ponderación se realizaría sacando la nota media de cada uno de los trabajos realizada por los estudiantes, nota que después se ponderaría con la asignada por el docente sacando una ulterior nota media.

En cuanto a los aspectos que debían tener en cuenta para la calificación y que se detallaban en la rúbrica eran los siguientes, de acuerdo con las pautas proporcionadas por la docente para la realización de la exposición: a la evaluación del contenido de la exposición se le asignaba una puntuación de un 60% desglosado de la siguiente forma (contenido e interés del caso 15%, estructura y claridad 15%, originalidad 15%, referencias bibliográficas 15%) y a la presentación y exposición en el aula del caso se le atribuía otro 40% con el siguiente desglose (expresión oral y ajuste al

[23] Es conveniente destacar que, en la mayoría de las ediciones del módulo, aunque no se indicó nada a los estudiantes estos optaron por no evaluar su propia exposición. En aquellos casos en los que los estudiantes preguntaron en relación con esta cuestión se les indicó que también podían valorar su exposición como parte del propio aprendizaje y en dichos casos fueron bastante críticos y no se valoraron con la máxima puntación.

tiempo de exposición 20% y lenguaje no verbal 20%), dos ítems que en total sumaban una puntuación de un 100%

Imagen 1: Detalle de la rúbrica de evaluación, elaboración propia

EVALUACIÓN POR PARES TRABAJO
INVESTIGACIONES CPI

	CONTENIDO 60%				PRESENTACIÓN 40%		100%
Alumnos/ Situación	Contenido e interés del caso (15%)	Estructura y Claridad (15%)	Originalidad (15%)	Referencias Bibliográficas (15%)	Expresión oral y ajuste al tiempo (20%)	Lenguaje no verbal (20%)	TOTAL (100%)

Así en las últimas sesiones del módulo, asignadas a la exposición del estudio del caso, la docente distribuyó en papel a cada estudiante una copia de la rúbrica en la que debían indicar el nombre del estudiante evaluado y el caso expuesto y también la calificación otorgada de acuerdo con los distintos ítems. Después de cada sesión la docente recogía la rúbrica de cada día de exposición, a fin de evitar posibles alteraciones en la calificación fuera del aula.

Posteriormente se procedió a revisar las rúbricas y descartar aquellas que habían otorgado la máxima puntuación a todas las exposiciones de sus compañeros y a extraer a continuación la media de la calificación asignadas por los estudiantes a cada una de las exposiciones de sus compañeros.

Una vez obtenida la nota media para cada uno de los estudiantes esta se cotejó con la asignada por la docente, que también se guió en su calificación por la misma rúbrica, obteniendo así la nota media que es con la que posteriormente se calificó dicho módulo del Máster.

En líneas generales se puede destacar que las calificaciones otorgadas por los estudiantes en la evaluación de las exposiciones de sus compañeros, en la mayoría de los casos suelen ser bastante superiores, al menos en un punto e incluso dos, a las atribuidas por la docente.

Unos resultados de los que se podrían extraer algunas conclusiones como: la falta de objetividad, espíritu crítico o benevolencia de los estudiantes hacia la calificación de sus compañeros.

Además del análisis de las calificaciones se ha podido detectar como en éstas influyen en ocasiones de forma determinante las relaciones académicas o de amistad establecidas entre los compañeros.

Aun así, a fin de salvaguardar la máxima objetividad en la asignación de la calificación final del módulo, hay que destacar que estas elevadas calificaciones, que en ocasiones no se ajustan a la realidad, finalmente se compensan gracias a la utilización de tres filtros.

En primer lugar, al descartar de la realización de la media todas aquellas rúbricas que han otorgado la máxima calificación a las exposiciones; en segundo lugar, al realizar la media entre las calificaciones otorgadas por los propios estudiantes, ya que aquellos estudiantes que realizan la evaluación con objetividad y responsabilidad y cuya nota suele estar más ajustada a la realidad, compensan a aquellos que tienen una actitud más benevolente o inflacionistas de la nota y en tercer lugar al llevar a cabo una media final entre la nota media de cada exposición asignada por los estudiantes y la calificación del docente.

Finalmente se puede reseñar que tras la implementación de dicha metodología en el aula se ha podido observar cómo aumenta la atención y la participación del alumnado durante las exposiciones del estudio de caso. Se aprecia también un mayor compromiso, responsabilidad e interés con el aprendizaje de los contenidos del módulo (Rodríguez y Hernández 2014 p. 30).

La evaluación colaborativa también constituye un instrumento valioso no sólo en la democratización del aprendizaje, en su fase final, a saber, el acto evaluativo que suele revestir de una importante trascendencia para el estudiantado, sino que además permite promover aprendizajes adicionales en valores y competencias como la actitud crítica, el rigor y la resiliencia que se encuentran en perfecta sintonía con los parámetros requeridos por el Espacio de Educación Europeo.

En último extremo, su empleo también proporciona una serie de ventajas al docente tanto de cara a las posibles revisiones de las calificaciones, aligerando el peso de la posible subjetividad individual como a fin de comprender los parámetros de exigencia internos del estudiantado y contrastándolos con los suyos[24].

---

24 En este sentido se puede destacar que en los estudios de Máster se aprecia una notable diferenciación en relación con la consideración de las calificaciones respecto a los estudios de Grado. En general, el perfil de los estudiantes que cursan unos estudios de Máster es el de un alumno más motivado y que en el caso de la orientación de este módulo, la profesional, ya cuenta con una experiencia laboral previa o ve en su realización una posible salida laboral futura, lo que le lleva a una notable implicación y esfuerzo a fin de obtener la máxima puntuación. Además,

V. CONCLUSIONES

A fin de poder evaluar los posibles resultados obtenidos tras la introducción paulatina de las metodologías de innovación educativa antes comentados se han implementado distintos mecanismos.

El primer parámetro que se ha tomado en consideración para esta valoración ha sido la satisfacción de los estudiantes con el módulo y su impartición, tanto a nivel de contenidos, metodología como organización de las sesiones. Para ello se han tenido en cuenta las encuestas de evaluación del módulo que los estudiantes cumplimentan anualmente, pero al tener estas un número de ítems y preguntas preestablecido por la Universitat de València, también se han organizado una serie de grupos panel de estudiantes para preguntarles sobre su nivel de satisfacción en relación con cada una de las innovaciones docentes introducidas y posibles propuesta de mejora.

En estos grupos panel que se organizaron, bien a través de tutorías individuales con los estudiantes o de forma conjunta durante la última sesión del módulo, los estudiantes, con carácter general manifestaron su satisfacción con estas nuevas metodologías, en especial con el estudio del caso y la evaluación colaborativa.

Por lo que respecta al estudio del caso, constataron como el tenerse que enfrentar a su investigación y exposición les había permitido conocer y asimilar el contenido del módulo, además, de adquirir conocimientos adicionales, tanto a través de su propio caso como con la exposición de los casos de sus compañeros. Por otra parte, señalaron como suponía un valioso aprendizaje de cara a la próxima realización de su Trabajo de Fin de Máster.

Respecto a la evaluación colaborativa, hay que destacar que sorprendentemente muchos de los estudiantes no la conocían y nunca la habían implementado, valorando positivamente su introducción ya que de esta forma les permitía tener claros los parámetros utilizados en la evaluación del módulo a través de la rúbrica, al mismo tiempo que fomentar su espíritu crítico y su rigor, mejorando con todo ello su proceso de aprendizaje más allá de la calificación.

---

hay que reseñar que, en el caso de los estudiantes extranjeros, en su mayor parte latinoamericanos, la matriculación en el máster depende de la obtención de una beca en la que se le requiere la obtención de unos resultados académico o supone un importante desembolso económico.

Finalmente en relación, con la introducción de los MOOC y los recursos audiovisuales, los estudiantes manifestaron que aunque están más acostumbrados a su utilización durante las sesiones, valoraron especialmente la posibilidad de conocer y aprender directamente de la mano de profesionales vinculados directamente con la Corte Penal Internacional, ya que a través de sus testimonios pudieron apreciar la seriedad, la responsabilidad, la importancia y el rigor que se aplica en el trabajo desarrolla la Corte Penal Internacional.

Otra de las cuestiones que resaltaron fue la duración de los videos que permitía que estos se adaptasen perfectamente a la duración de las sesiones del Máster y reforzar los contenidos explicados.

En las primeras ediciones tras su introducción, cuando únicamente existían videos en inglés subtitulados en español, los estudiantes sí que señalaron que hubiera sido preferible que los videos estuvieran en español, pero esta cuestión se ha podido subsanar gracias a la actualización del material audiovisual producido en los últimos años por parte de la Corte Penal Internacional en el que ahora ya están disponibles los videos en este idioma y son los que se utilizan en las sesiones, descartando los anteriores.

El segundo de los parámetros que se ha tenido en cuenta de cara a la evaluación han sido las calificaciones obtenidas por los estudiantes en el módulo en las distintas ediciones. A este respecto cabe señalar que se ha podido apreciar un ligero aumento de éstas desde la introducción de la evaluación colaborativa.

A la luz de estos resultados se puede concluir que la introducción progresiva de estas innovaciones docentes ha permitido mejorar la impartición del módulo haciéndolo más dinámico, participativo y cercano a las necesidades de aprendizaje de los alumnos relacionadas con las nuevas tecnologías.

Una circunstancia que se ha visto traducida en un mayor interés, un aumento de la atención y participación por parte de los estudiantes durante las sesiones y un alto nivel de compromiso de los estudiantes, tanto con su estudio de caso como con las exposiciones de sus compañeros, que ha dado como resultado unas mejores calificaciones y un mayor nivel de aprendizaje según su propia autopercepción.

Unos resultados que sin duda constatan como la innovación educativa puede constituir un útil instrumento a fin de mejorar el rendimiento académico tanto de los estudiantes como también de los docentes a fin de mejorar la enseñanza.

En ocasiones la implementación de estas metodologías docentes requiere un esfuerzo adicional por parte del docente en la preparación de la docencia.

En el presente caso, en concreto, en todo lo relativo al diseño de las sesiones y la búsqueda del material audiovisual apropiado para las sesiones y también respecto a la evaluación colaborativa que sin duda multiplica exponencialmente el proceso evaluativo, con el tiempo que esto supone además del diseño de la rúbrica. Además, en la presente experiencia debido a la introducción sucesiva de estas metodologías docente este se ha ido repitiendo casi anualmente con un rediseño y actualización del módulo.

Pero sin duda, los resultados obtenidos en pro de un aumento de la calidad de la docencia y de los resultados académicos de los estudiantes avalan su conveniente pertinencia especialmente en los estudios de Máster por diversos motivos como son: el número reducido de estudiantes, la naturaleza más específicas de las materias, el elevado interés y compromiso del estudiantado, su mayor nivel de exigencia y la adquisición de nuevos conocimientos y competencias más prácticos que, en el caso de este módulo adscrito a la línea profesional, mejoren su profesionalidad o próxima incorporación al mercado laboral.

VI. REFERENCIAS BIBLIOGRÁFICAS

ALFARO DÍAZ DE SALAS, S., MENDOZA MARTÍNEZ, V. M y PORRAS MORALES, C. M (2011). "Una guía para la elaboración de estudios de caso", *Razón y palabra*, ISSN-e 1605-4806, Nº. 75, (Ejemplar dedicado a: Libros básicos en la historia del campo iberoamericano de estudios en comunicación).

APARICIO, L y GÓMEZ, R (2014). "Una experiencia práctica de la utilización de MOOC como una herramienta educativa y de formación continua del profesorado·. *XI Jornadas Internacionales de Innovación Universitaria*, Villaviciosa de Odón, pp. 330-337.

BARRIOPEDRO, M., LÓPEZ, C., GÓMEZ, M., y RIVERO, A. (2016). "La coevaluación como estrategia para mejorar la dinámica del trabajo en grupo: una experiencia en Ciencias del Deporte". *Revista Complutense de Educación*, 27(2), 571-584. doi: http://dx.doi.org/10.5209/rev_RCED.2016.v27.n2.46811

DELGADO, J., MEDINA, N., BECERRA, M. (2020). "La evaluación por pares. Una alternativa de evaluación entre estudiantes universitarios". *Rehuso*, 5(2), pp. 14-26. Recuperado de: https://revistas.utm.edu.ec/index.php/Rehuso/article/view/1684

FIDALGO, C., COLLADO, S., y SENÍS, J. (2019). "Del simulacro a la realidad: mejora del rendimiento de los estudiantes ante el TFM a través de un proyecto de innovación docente". *Revista electrónica interuniversitaria de formación del profesorado*, 22(3).

FINKEL, D., (2008). *Dar clase con la boca cerrada*, traducción de Óscar Barberá, Universitat de Valéncia.

FORNI, P. (2010). "Los estudios de caso. Orígenes, cuestiones de diseño y sus aportes a la teoría social", *Miríada: Investigación en Ciencias Sociales*, ISSN 1851-9431, ISSN-e 2250-4621, Vol. 3, Nº. 5, pp. 61-80.

GÓMEZ, M. y QUESADA, V. (2017). "Coevaluación o Evaluación Compartida en el Contexto Universitario: La Percepción del Alumnado de Primer Curso". *Revista Iberoamericana de Evaluación Educativa*, 10(2), pp. 9-30. https://doi.org/10.15366/riee2017.10.2.001,

IBARRA, M., RODRÍGUEZ, G. y GÓMEZ, R. (2012). "La evaluación entre iguales: beneficios y estrategias para su práctica en la universidad". *Revista de Educación*, 359(2), pp. 1-19. Recuperado de http://www.revistaeducacion.educacion.es/doi/359_092.pdf

JIMÉNEZ CHAVES, V.E (2012). "El estudio de caso y su implementación en la investigación", *Revista Internacional de Investigación en Ciencias Sociales*, ISSN 2225-5117, ISSN-e 2226-4000, Vol. 8, Nº. 1, pp. 141-150,

ORDÓNEZ-OLMEDO, E. (2017). "Propuesta de Innovación docente: La inclusión de las competencias transversales en enseñanzas universitarias oficiales de máster y el fortalecimiento de los valores democráticos", *International Journal of Educational Research and Innovation (IJERI)*, 8, pp. 148-162. ISSN: 2386-4303

RODRÍGUEZ, A. y HERNÁNDEZ, A. (2014). "Desmitificando algunos sesgos de la autoevaluación y coevaluación en los aprendizajes del alumnado". *Revista de Estudios y Experiencias en Educación*. 13(25), pp. 13-31. Recuperado de: http://www.redalyc.org/articulo.oa?id=243131249002

ROSA CUBO, M. C., & MARTÍN FERREIRA, A. I. (2012). "Innovación docente y máster de Secundaria". *Methodos: Revista de didàctica dels estudis clàssics*, (1), pp. 267-276.

La introducción en el grado de criminología del relato de las víctimas de los delitos de terrorismo a través de la victimología

ALBERTO BAIXAULI FERNÁNDEZ
Profesor Asociado de Derecho Penal y Criminología UV. Abogado

Sumario: I. VÍCTIMAS DEL TERRORISMO, CRIMINOLOGÍA Y VICTIMOLOGÍA. II. LA VICTIMOLOGÍA Y LA RELACIÓN VICTIMAL: CONCEPTO Y DESARROLLO EN EL PLAN DE ESTUDIOS DEL GRADO DE CRIMINOLOGÍA. 1. Concepto de la relación victimal: victimización y desvictimización en las víctimas del terrorismo. 2. La relación victimal en el plan de estudios del grado de criminología: la asignatura de "victimología". II. EL DERECHO A LA MEMORIA DE LAS VÍCTIMAS DEL TERRORISMO Y LA EDUCACIÓN EN VALORES EN EL ÁMBITO EDUCATIVO UNIVERSITARIO. 1. La protección y la asistencia a las víctimas del terrorismo. 2. La memoria de las víctimas del terrorismo: el relato victimal. 3. La educación en valores en el ámbito escolar y el universitario. III. LA VICTIMOLOGÍA NARRATIVA Y LA VICTIMOLOGÍA CONVERSACIONAL: LA IMPORTANCIA DEL RELATO DE LAS VÍCTIMAS Y DE LA CONVERSACIÓN CON ÉSTAS PARA SU DESVICTIMIZACIÓN Y REPARACIÓN. IV. CONCLUSIONES.

I. VÍCTIMAS DEL TERRORISMO, CRIMINOLOGÍA Y VICTIMOLOGÍA

No cabe duda de que el terrorismo constituye una de las principales amenazas para nuestra sociedad abierta y plural, pues atenta directamente contra los valores y los principios esenciales que rigen nuestra convivencia y constituye una de las mayores, sino la mayor, amenaza al Estado de Derecho a causa de su objetivo de subversión del orden constitucional. Asimismo, los actos terroristas constituyen una de las mayores lacras de nuestra sociedad, tanto por el inmenso dolor que origina a las víctimas y a sus familiares, como por la conmoción que provoca al conjunto de los ciudadanos[1]. Desde la óptica jurídica, las víctimas del terrorismo —entre las

---

1 Una enumeración de los factores psicosociales explicativos del fenómeno terrorista puede consultarse en Morillas Fernández, D. L., Patró Hernández, R. M. y

que destacan en España desde el inicio de la democracia las personas que han sufrido las acciones de grupos como GRAPO y ETA—, serán quienes hayan sido identificadas como tales por el Derecho legal o judicial, es decir, mediante normas legales de reconocimiento o a través de sentencias penales condenatorias de los terroristas (o de otras resoluciones judiciales), respectivamente[2].

Por todo ello y con el precedente de la Declaración sobre los principios fundamentales de justicia de las víctimas de delitos y del abuso de poder aprobada en el año 1985 por la Asamblea General de Naciones Unidas en su resolución 40/34[3], desde los años noventa del siglo pasado la Unión Europea ha adoptado numerosas medidas específicas para combatir el terrorismo y para lograr una regulación homogénea de la víctima en el ámbito de la Unión Europea, con especial referencia a la víctima de los delitos de terrorismo a la que la UE reconoce como especialmente vulnerable y, por tanto, requiere una protección especial[4].

Aguilar Carceles, M. M., "Victimología: un estudio sobre la víctima y los procesos de victimización", 2ª edición, Dykinson, Madrid, 2014, pp. 753 y 754.

2 Rodríguez Uribes, J.M., "Las víctimas del terrorismo en España", Dykinson, Madrid, 2013, p. 101.

3 En apartado A) referido a las "Las víctimas de delitos", se define a la víctima desde una perspectiva amplia al establecer lo siguiente:" 1. Se entenderá por "víctimas" las personas que, individual o colectivamente, hayan sufrido daños, inclusive lesiones físicas o mentales, sufrimiento emocional, pérdida financiera o menoscabo sustancial de los derechos fundamentales, como consecuencia de acciones u omisiones que violen la legislación penal vigente en los Estados Miembros, incluida la que proscribe el abuso de poder. 2. Podrá considerarse "víctima" a una persona, con arreglo a la presente Declaración, independientemente de que se identifique, aprehenda, enjuicie o condene al perpetrador e independientemente de la relación familiar entre el perpetrador y la víctima. En la expresión "víctima" se incluye además, en su caso, a los familiares o personas a cargo que tengan relación inmediata con la víctima directa y a las personas que hayan sufrido daños al intervenir para asistir a la víctima en peligro o para prevenir la victimización".

4 Considerando Nº 8 de la Decisión Marco 2002/475/JAI del Consejo de 13 de junio de 2002 (Publicada en DO L 164 de 22/06/2002). Así la Decisión marco la Directiva 2012/29/UE del Parlamento Europeo y del Consejo, de 25 de octubre de 2012 (Publicada en L 315/57 de 14/11/2012), por la que se establecen normas mínimas sobre los derechos, el apoyo y la protección de las víctimas de delitos, con el fin de homogeneizar los derechos procesales de las víctimas en los procesos penales que se tramiten en la UE, cuya necesidad de transponerla al derecho interno español fructificó con la aprobación de la Ley 4/2015, de 27 de abril, del Estatuto de la víctima del delito (BOE núm. 101, de 28/04/2015) que, superando la amplitud y profundidad de la existente normativa anterior, codifica de modo

En el ámbito del Consejo de Europa, en las Líneas directrices sobre la protección de las víctimas de actos terroristas, de 2 de marzo de 2005[5] se recoge como premisa la necesidad de atención específica en los planos procesal, psicológico y social, como lo hace más tarde, con mención concreta a las víctimas del terrorismo, la Recomendación (2006)8 del Comité de Ministros a los estados miembros sobre la asistencia a las víctimas de los delitos, de 14 de junio de 2006[6].

En el caso de las víctimas del terrorismo, se trata de víctimas intencionales y nunca accidentales, aunque su victimización se produzca en el marco de atentados indiscriminados o se pretendan considerar "daños colaterales". Además, no solo debemos tener en cuenta las víctimas directas, es decir aquellas personas que directamente han sufrido la agresión, sea ésta de cualquier tipo, sino también las víctimas indirectas, que son las personas que no han sufrido directamente el daño pero sufren consecuencias derivadas del acto dañoso. Por ello en el caso de las víctimas del terrorismo es necesario tener en cuenta que por cada víctima directa pueden aparecer varias víctimas indirectas, entendiendo por tales a dos tipos de personas: a) las que han presenciado como testigos directos el atentado sin haber resultado afectados directamente en su integridad física o en sus bienes y

---

extenso los derechos procesales y extraprocesales de todas las víctimas del delito. Asimismo en el considerando 27 de la Directiva UE 2017/541 del Parlamento Europeo y del Consejo de 15 de marzo de 2017 relativa a la lucha contra el terrorismo (Publicada en DOUE L 88/6 de 31/03/2017), se dice expresamente: "Se entiende por víctima del terrorismo la definida en el artículo 2 de la Directiva 2012/29/UF, es decir, toda persona física que haya sufrido un daño o perjuicio, con particular lesiones físicas o mentales, daños emocionales o un perjuicio económico, directamente causados por un delito de terrorismo, o el familiar de una persona cuya muerte haya sido directamente causada por un delito de terrorismo y que haya sufrido un daño o perjuicio como consecuencia de la muerte de dicha persona. Los familiares de las víctimas supervivientes de terrorismo, según se definen en el citado artículo, tienen acceso a servicios de apoyo a las víctimas y medidas de protección de conformidad con lo dispuesto en dicha Directiva".

5 Adoptada en la 967ª sesión de Delegados de los Ministros.

6 En la cual se contiene —en su apartado 1.1— una definición de víctima, debiendo englobar en dicha categoría a la "persona física que haya sufrido daños, inclusive lesiones físicas o mentales, sufrimiento emocional o pérdida económica, causada por actos u omisiones que constituyen una violación de la legislación penal de un Estado miembro. El término víctima también incluye, en su caso, la familia inmediata o dependientes de la víctima directa".

b) aquellas que habiendo presenciado o no el atentado tiene relaciones de consanguinidad o parentesco con la víctima directa[7].

Como es bien sabido, las víctimas de los delitos son uno de los objetos de estudio de la Criminología, es decir, de la ciencia empírica e interdisciplinaria que tiene por objeto el crimen, el delincuente, la víctima y el control social del comportamiento delictivo y que aporta una información válida, contrastada y fiable sobre la génesis, dinámica y variables del crimen —contemplado éste como fenómeno individual y como problema social, comunitario—; así como sobre su prevención eficaz, las formas y estrategias de reacción al mismo y las técnicas de intervención positiva en el infractor y la víctima[8].

Coincidiendo con el olvido tradicional por parte de la Criminología respecto de la víctima (recordemos , uno de los dos protagonistas máximos del fenómeno criminal) surgió la Victimología[9], la cual —dejando aparte la cuestión de autonomía científica respecto de la Criminología[10]—, puede ser definida hoy, en una fórmula de síntesis, como la ciencia multidisciplinar que se ocupa del conocimiento relativo a los procesos de victimación y desvictimación. Concierne pues a la victimología el estudio del modo en que una persona deviene víctima, de las diversas dimensiones de la victima-

---

7 Echeburua Odriozola, E., Guerricaechevarria, C., "Especial consideración de algunos ámbitos de victimación" en Echeburua Odriozola, E., Baca Baldomero, E., Tamarit Sumalla, J.M. (coords.) *Manual de Victimología*, Tirant Lo Blanch, Valencia, 2006, pp. 195 y 196.

8 García-Pablos De Molina, A., "Tratado de Criminología", 4ª edición, Tirant lo Blanch, Valencia, 2008, p. 53.

9 García-Pablos De Molina, A., op. cit., p. 216; Landrove Diaz, G., "Victimología", Tirant lo Blanch, Valencia, 1990, p. 34.

10 Morillas Fernández, D. L., Patro Hernández, R. M. y Aguilar Carceles, M. M., op. cit., p. 38: "Sea como fuere, se trata de una relación complementaria que presenta más puntos de encuentro que de desencuentro. Así, si se observan los caracteres identificativos de ambas —método y funciones, principalmente— puede encontrarse una dualidad solamente rota por los ámbitos de estudios: la Victimología se centra única y exclusivamente en la víctima mientras la Criminología va más allá extendiéndose también al delito, delincuente y los medios de control social. Es más la Criminología abarca toda la extensión del fenómeno criminal lo que implica también la inclusión de la víctima. Así pues, puede decirse que la Victimología se encuentra integrada en el seno de la Criminología sin que eso le haga perder autonomía. Ese mismo fenómeno acontece también a la inversa ya que la Victimología no puede centrarse únicamente en la víctima sino que debe ponerla en conexión con el fenómeno criminal, lo contrario sería asilada hacia un camino sin salida".

ción (primaria, secundaria y terciaria), y de las estrategias de prevención y reducción de la misma, así como del conjunto de respuestas sociales, jurídicas y asistenciales, tendientes a la reparación y reintegración social de la víctima[11].

La evolución y desarrollo de la victimología permitió el surgimiento de diversas corrientes entre las que destaca la denominada Victimología crítica. Esta orientación parte de una crítica al sistema de justicia en la que se especifica en gran medida cuales son las deficiencias que acometen contra la promoción de la víctima y se intentan solventar tales fracasos mediante propuestas prácticas y esperanzadoras. Por ello no trata tanto de empatizar y comprender a la víctima en sus circunstancias personales, sino reivindicar sus derechos en la esfera social y hacerlos patentes mediante políticas realistas y aplicadas[12].

En la actualidad las nuevas metodologías aplicadas a la justicia penal junto con el auge de la Victimología, han favorecido un auténtico cambio de paradigma no solo en la comprensión y tratamiento del hecho delictivo, también en la explicación de la función de la pena o en el papel de la víctima en la gestión del conflicto. Así el paso de los tiempos ha evidenciado que la víctima no queda satisfecha con la justicia penal, entendida ésta como justicia retributiva o represiva cuyo fin último es condenar, castigar e ingresar en prisión al delincuente. La justicia restaurativa, también llamada justicia reparadora, surge así como una respuesta a las disfunciones del sistema penal actual y se focaliza principalmente en la introducción de una perspectiva restauradora que se esfuerza por reparar los daños ocasionados como consecuencia de un hecho delictivo[13].

Por ello las corrientes victimológicas críticas van a defender la justicia restauradora, que convierten la reparación de las víctimas (aunque no existe un acuerdo sobre la definición, modalidades y alcance de esa reparación en proyectos restaurativos) en el nuevo eje central del sistema penal, y en este sentido apuesta por la necesidad de combatir la instrumentaliza-

---

11 Tamarit Sumalla, J.M., "La Victimología: cuestiones conceptuales y metodológicas" en Echeburua Odriozola, E., Baca Baldomero, E., Tamarit Sumalla, J.M. (coords.) *Manual de Victimología*, op. cit., p. 17.

12 Morillas Fernández, D. L., Patro Hernández, R. M. y Aguilar Carceles, M.M., op. cit., pp. 63 y 64.

13 Montesinos García, A., "Una breve aproximación a la justicia restaurativa", en Montesinos García, A. (ed.) *Tratado de Mediación*. Tomo II., Tirant lo Blanch, Valencia, 2017, p. 21.

ción y manipulación interesada de las víctimas. De este modo aparece la mediación penal en sentido estricto del término y también encuentros o prácticas restaurativas que ofrecen una nueva visión de la justicia penal, asumiendo que la Justicia está al servicio de los ciudadanos y no al revés, trabajando herramientas en las que adquiere protagonismo el ser humano y no el sistema, todo y que sus resultados, a la postre, revierten positivamente en el mismo[14].

La Victimología narrativa (también denominada Victimología conversacional), que se inscribe dentro de una Criminología narrativa que permite reflexionar críticamente sobre el daño y la resistencia al mismo, así como sobre la responsabilidad personal y colectiva, se entiende como corriente académica reciente, centrada en las percepciones y las experiencias de las víctimas, a través de sus propias voces. Estas pueden recogerse de forma directa, por ejemplo, a través de las entrevistas realizadas en el curso investigaciones específicas, o de forma indirecta mediante el análisis de autobiografías y declaraciones efectuadas por las víctimas en otros contextos o investigaciones ajenas. Por tanto, sin perjuicio de valorar sus aportaciones, la Victimología narrativa cuestiona la suficiencia de las encuestas de victimización al uso, enfocadas en lo cuantitativo, ya que no permiten entender las experiencias victimales, en gran parte ocultas, siempre subjetivas, y difícilmente clasificables o reducibles en categorías estancas. Asimismo, se inscribe dentro de una Criminología narrativa que permite reflexionar críticamente sobre el daño y la resistencia al mismo, así como sobre la responsabilidad personal y colectiva[15].

En este sentido, los futuros avances en el campo de la victimología se proponen como una cuestión íntimamente ligada a la aceptación e implementación del paradigma de la justicia restaurativa. Así si el propósito principal de la intervención social es restaurar la paz, la reparación de los daños, sanar heridas y prevenir la repetición de la infracción, entonces es fácil prever la aplicación del paradigma de la justicia restaurativa, con sus elementos constructivos: la mediación, la conciliación, la restitución y la indemnización, como el camino

---

14 Barona Vilar, S., "Restorative justice, víctima y mediación. Tres conceptos en el nuevo paradigma de la justicia penal", en De Lucas Martin J. (ed.) et al. *Pensar el tiempo presente. Homenaje al Profesor Jesús Ballesteros Llompart*, Tirant lo Blanch, Valencia, 2018, p. 72.

15 Varona Martínez, G., "Alrededor de las narrativas victimales: algunos paralelismos entre las víctimas del terrorismo y otros delitos graves en términos de justicia epistémica y resiliencia, Araucaria: Revista Iberoamericana de Filosofía, Política, Humanidades y Relaciones Internacionales, Vol. 24, nº 50, 2022, pp. 12 y 13.

hacia el futuro[16]. Una medida del sistema político que ensalce los valores de la resolución de conflictos desde una perspectiva más saludable, enfatizando la empatía como una actitud imprescindible para la reconstrucción social, cognitiva y conductual de las secuelas propias del hecho criminal[17].

En definitiva, frente a la óptica dominante, fundamentalmente preventiva, y sin dejar de reclamar un rechazo formal y contundente de la injusticia y del daño producidos, el planteamiento restaurativo se caracteriza por la colocación en primer plano de las víctimas y la apertura de vías de acercamiento con lo(s) victimario(s) dispuestos a ello con objeto de facilitar el esclarecimiento de la verdad y alcanzar una reparación individual y social más efectivas, fomentándose, en el plano de la justicia, el desarrollo de respuestas (y formas de ejecución) alternativas a las penas tradicionales. También en cuanto a la memoria, la perspectiva restaurativa se presenta con un especial interés, al priorizar actividades centradas en la narrativa de experiencias victimales e inspiradas en los postulados de participación, inclusión, empoderamiento y prevención, integrando en lo posible la mirada reparadora de aquellos victimarios que hayan asumido su propia responsabilidad, y con la implicación comprometida de la sociedad más cercana[18].

II. LA VICTIMOLOGÍA Y LA RELACIÓN VICTIMAL: CONCEPTO Y DESARROLLO EN EL PLAN DE ESTUDIOS DEL GRADO DE CRIMINOLOGÍA

1. *Concepto de la relación victimal: victimización y desvictimización en las víctimas del terrorismo*

El término victimidad fue utilizado por MENDELSOHN para referirse al conjunto de características bio-psico-sociales comunes a todas las víctimas en general, con independencia de la causa de su situación[19]. Se trata

---

16 Fattah, E. A., "Victimología: pasado, presente y futuro", Revista Electrónica de Ciencia Penal y Criminología, nº. 16, 2014, p. 24.

17 Morillas Fernández, D. L., Patro Hernández, R. M. y Aguilar Carceles, M. M., op. cit., p. 81.

18 De La Cuesta, J.L., "Convivencia pacífica en Euskadi: perspectiva victimológica y de justicia restaurativa", Educación social: Revista de intervención socioeducativa, nº 67, 2017, p. 43.

19 Neuman, E., "Benjamin Mendelsohn: precursor de la autonomía científica de la victimología", IterCriminis, nº 7, 2006, p. 133.

esencialmente de una construcción social por la que la comunidad atribuye significación a las características y al comportamiento de la víctima y del victimario y trata a los protagonistas del suceso en función de estas percepciones. El proceso mediante el cual se produce la atribución social de la condición de víctima y la autodefinición por parte de la misma, compuesto por una serie de interacciones, está condicionado y mediado por factores de carácter histórico y cultural, así como por las dinámicas de apoyo y rechazo en torno a las víctimas o la visibilidad que éstas adquieren. Como resultado, la victimidad —que entraña un proceso de elaboración de identidad— puede ser expresada y vivida de diversas formas, ya como patología, como estigma, como status o como privilegio[20].

Sin embargo, como bien expone TAMARIT, desde el punto de vista individual, ser víctima no es una patología sino una experiencia vital y los síndromes psicopatológicos que deriven de la misma deben ser tratados de modo acorde con las circunstancias del sujeto. Por ello, la asistencia psicológica es uno de los aspectos a tener en cuenta a la hora de dar satisfacción al derecho a la asistencia de la víctima. Mientras que a nivel social la victimidad si puede ser una patología en el sentido de consistir en una tendencia a la sobreactuación, fenómeno que ha sido calificado como "medicalización" o "industria de la victimización", en la que intereses de tipo corporativo o empresarial estarían detrás del reclamo de intervenciones terapéuticas, especialmente ante las víctimas de atentados o catástrofes naturales[21].

Dos conceptos claves en la victimología son el de victimación y el de desvictimación. La victimación es el proceso por el que una persona sufre las consecuencias de un hecho traumático, debiendo distinguir dos tipos de consecuencias: a) las secuelas psicológicas, propias del hecho de victimización o el impacto traumático que la propia acción delictiva sobre la figura de la víctima (trastorno de estrés postraumático, depresión, ansiedad, etc.)[22]; y b) las relativas al sistema socio-político; es decir, elementos

---

20 Tamarit Sumalla, J.M., "Paradojas y patologías en la construcción social, política y jurídica de la victimidad", Indret 1/2013, Barcelona, 2013, pp. 6 y 7.

21 Tamarit Sumalla, J.M.; "Paradojas y patologías en la construcción social, política y jurídica de la victimidad", op. cit., p. 13. Sobre la nueva visibilidad de las víctimas y los peligros de dirigirse a un "tiránico culto a la victimidad" puede consultarse Herrera Moreno, M., "¿Quién teme a la victimidad? el debate identitario en victimología", Revista de Derecho Penal y Criminología, 3.ª Epoca, nº 12 (julio de 2014), pp. 343-404.

22 En el caso de las víctimas de terrorismo la patología psicológica principal que se ha descrito insistentemente en las víctimas del terrorismo es el llamado trastorno

que, sin ser intrínsecos a la persona repercutirían en su bienestar posterior. Se diferencian dentro de este segundo grupo de elementos aquellos referentes a la estabilidad económica-laboral, la existencia de vínculos y apoyo social, y las concernientes a la propia Administración de Justicia[23].

Aunque existe una densa interdependencia entre los conceptos "víctima" y "vulnerabilidad", desde el punto de vista victimológico, la vulnerabilidad debe distinguirse del riesgo diferencial de victimización. Pues por un lado no todas las personas presentan el mismo riesgo de ser víctimas en comparación con la población en general (riesgo de victimización). Mientras que la vulnerabilidad —que ha dado lugar a los términos "víctimas vulnerables" y "víctimas con necesidades especiales de protección"— está referida a quienes han sido ya víctimas y están expuestas a un daño más elevado, por encontrarse en proceso de desarrollo (caso de los menores) o por los riesgos de revictimización o victimización secundaria[24]. No obstante lo anterior, se entiende que hay una interdependencia entre el riesgo de victimización y la vulnerabilidad de la víctima en su sentido directo y positivo; es decir, el riesgo de victimización será mayor cuando más vulnerable sea la persona a victimizar[25].

A este respecto en la Directiva 2012/29/UE[26] la vulnerabilidad se entiende como "exposición a un riesgo de lesión particularmente elevado"

---

por estrés postraumático (TEPT) que se considera una alteración ligada consistentemente a situaciones de riesgo real o percibido de muerte y que aparece en muchas otras víctimas de situaciones traumáticas. Sin embargo, no es la única pues pueden considerase patologías prevalentes de los primeros momentos tras el atentado las reacciones al estrés agudo (generalmente de carácter ansioso o disociativo en un número menor de casos) los trastornos afectivos (especialmente depresión mayor) y las crisis de ansiedad. Además, pueden aparecer otro tipo de alteraciones como consumo de sustancias, alteraciones hipocondríacas y abundantes trastornos somatomorfos (Echeburua Odriozola, E., Guerricaechevarria, C., "Especial consideración de algunos ámbitos de victimación", op. cit., p. 201).

23 Morillas Fernández, D. L., Patro Hernández, R. M. y Aguilar Carceles, M. M., op. cit., p. 108.

24 Tamarit Sumalla, J.M., "Paradojas y patologías en la construcción social, política y jurídica de la victimidad", op. cit., pp. 11 y 12.

25 Morillas Fernández, D. L., Patro Hernández, R. M. y Aguilar Carceles, M. M., op. cit., p. 110.

26 La cual parece abandonar la terminología de "víctimas vulnerables" sustituyéndola por la expresión "víctimas con necesidades especiales de protección", si bien no precisa ni delimita su contenido ni tampoco recoge una clasificación o enumeración de éstas, lo cual resulta ciertamente llamativo. En este sentido parece de-

(Considerando (38)[27]), abarcando los riesgos que puedan producirse dentro de los procesos de victimización secundaria, reiterada, intimidación o represalias[28]. Y en la Recomendación Rec (2006) 8 del Comité de Ministros del Consejo de Europa sobre asistencia a víctimas del delito, se recoge la victimización secundaria como aquella que se produce no como resultado directo del acto delictivo, sino por la respuesta de las instituciones y los particulares a la víctima.

Por otra parte, la desvictimación ha sido definida como un proceso de reparación o de reconstrucción, o dicho de otra manera, conseguir que la víctima supere el rol que ha adquirido tras sufrir un delito mediante las estrategias de reparación integral cuyo objetivo es que dejen atrás los estadios de victimización. Así, nos estamos refiriendo al proceso inverso de la victimización, pues aludimos al proceso por el que la víctima deja de serlo y, por tanto, consigue rehacer su nueva vida y reintegrarse por completo en el tejido social como el resto de los integrantes de la sociedad. Se trata de una ardua y compleja tarea por cuanto se consideran innumerables tanto la cantidad como diversidad de variables que influyen en la restitución del daño causado (solvencia económica, apoyo familiar, respuesta del sistema, ayuda de profesionales, capacidad personal de afrontamiento, etc.)[29].

La victimología tiene como misión aportar a los movimientos sociales pro-víctimas un conocimiento de base científica sobre los procesos de victimación, al objeto de permitir una adecuada gestión de la prevención por parte de los poderes públicos y de los agentes sociales, con especial atención a los colectivos más vulnerables. Además, debe servir de guía para la formulación y reivindicación de los derechos de las víctimas, a partir de la indagación de los intereses objetivos de las mismas, y para el impulso de

---

ducirse que se trata de una categoría abierta a la que puede adscribirse cualquier víctima de modo individual por el hecho de que sean particularmente vulnerables a la victimización secundaria o reiterada, a la intimidación o a las represalias, y por ello no existe una clasificación a priori de tal tipo de víctimas.

27 Considerando (38) de la Directiva 2012/29/UE: "Las personas más vulnerables o que se encuentran expuestas a un riesgo de lesión particularmente elevado, como las sometidas a una violencia reiterada en las relaciones personales, las víctimas de violencia de género o las que son víctimas de otro tipo de delitos en un Estado miembro del cual no son nacionales o residentes, deben recibir apoyo especializado y protección jurídica (...)".

28 Art. 22.1 de la Directiva 2012/29/UE.

29 Morillas Fernández, D. L., Patro Hernández, R. M. y Aguilar Carceles, M. M., op. cit., p. 123.

políticas sociales dirigidas a satisfacer los referidos derechos e intereses. Tales políticas, así como en general las actuaciones de los poderes públicos y los agentes sociales, relacionadas con las personas que han sufrido una situación victimizante, deben tener como norte la desvictimación, la ayuda a las mismas para superar los efectos negativos del hecho traumático y lograr una plena inserción en la vida social[30].

La vulnerabilidad de las víctimas del terrorismo reside en que este tipo de delito es particularmente grave por suponer un ataque totalitario contra el sistema democrático. Este significado político junto con las modalidades con que se lleva a cabo haría surgir necesidades cuya relevancia justificaría un tratamiento específico[31], sin perjuicio del debate sobre qué tipo de tratamiento. Además, en el plano académico victimológico, se señala el alto número de víctimas indirectas y el mayor riesgo de victimización secundaria que provoca la violencia terrorista[32].

En este sentido si nos centramos en el País Vasco, a la vista de los resultados de los estudios con víctimas del terrorismo dirigidos por DE LA CUESTA, se puede afirmar que las necesidades de las víctimas del terrorismo son distintas, en particular, ante una mayor victimización secundaria por el abandono social e institucional sufrido. Asimismo, algunas victimizaciones son más intensas, ante el apoyo social de una minoría a los delitos de terrorismo o la falta de reconocimiento de su condición de víctimas y requieren, por tanto, políticas victimales específicas[33].

Para posibilitar a las víctimas la superación del trauma producido por el delito y salir de la situación de victimitación es necesario empezar por ver, escuchar y reconocer a las víctimas[34]. Y es preciso educar a la sociedad, y a

---

30 Tamarit Sumalla, J. M., "La victimología: cuestiones conceptuales y metodológicas" op. cit., p. 49.

31 En este sentido ver: Fernández Marrero, A., "Impacto psicológico del terrorismo y su atención en salud mental desde la perspectiva de los Derechos Humanos", Diego Marín, Murcia, 2021.

32 Varona Martínez, G., "La fundamentación victimológica de una reparación reforzada en casos de victimización terrorista" en Varona Martínez, G. (coord.) *Victimología: en busca de un enfoque integrador para repensar la intervención con víctimas,* Aranzadi, Navarra, 2018, p. 260.

33 De La Cuesta Arzamendi, J.L. (dir.) "Víctimas del terrorismo en la CAPV: Desazón y esperanza en víctimas indirectas de asesinatos. Año 2013", Donostia-San Sebastián: UPV-EHU, 2014, pp. 286 a 289.

34 Una actividad de recopilación de distintas experiencias de victimación mediante la realización de entrevistas a las propias víctimas de acuerdo a un guión temático

los operadores policiales, jurídicos, sociales, sanitarios, etc. en el rechazo de las violaciones de derechos humano y de su impunidad, y sensibilizarla hacia la injusticia que supone el daño sufrido por la víctima y hacerla cargar sola con el mismo. Es preciso concienciada de la necesidad de una efectiva asunción comunitaria de la responsabilidad social por el delito[35].

La victimología puede contribuir a hacer visibles las necesidades reales de las víctimas. Entre éstas, hay una necesidad primaria, de conocimiento y reconocimiento, y unas necesidades secundarias. Para responder a éstas, la acción política y la práctica profesional deben facilitar la elaboración del sufrimiento como experiencia vital con el objetivo final de la desvictimización, evitando la cronificación de la victimidad en el plano individual y social. Este "programa victimológico" expresa una necesidad que no responde tan sólo a una exigencia de "salud pública", pues en el objetivo de la desvictimización confluye el interés social con el individual, haciendo compatibles el paradigma del Derecho y el de la salud[36].

En este ámbito la Victimología narrativa ha permitido estudiar cómo la construcción y recepción de las narrativas de las víctimas constituye en sí misma un proceso de resiliencia, entendida como transformación individual con implicaciones sociales, y tiene que ver con la aminoración de la injusticia epistémica y el carácter simultáneamente retrospectivo y prospectivo de dichas narrativas, con una ruptura del tiempo lineal y de la categorización de las personas en virtud de un suceso singular en el marco de sus vidas. Por ello dentro de una metodología cualitativa, que no aspira a la generalidad, la Victimología narrativa enmarca la transmisión y entendimiento de las vivencias y experiencias, proyectadas en el tiempo, en relación con los procesos de victimización y reparación dentro de la sociedad[37].

---

general previamente establecido puede revisarse en Saez De La Fuente Aldama, I., "Informe sociológico sobre los testimonios de las víctimas", Fundación Fernando Buesa Blanco, Bakeaz, 2011, (http://www.zoomrights.com). También puede consultarse un análisis de 65 testimonios de víctimas de ETA en Jimenez Ramos, M., "El tiempo del testimonio. Las víctimas y el relato de ETA", Comares, Granada, 2023, pp. 47 y ss.

35 Herrera Moreno, M., "La hora de la víctima. Compendio de Victimología", Edersa, Madrid, 1996, p. 299.

36 Tamarit Sumalla, J.M., "Paradojas y patologías en la construcción social, política y jurídica de la victimidad", op. cit., p. 27.

37 Varona Martínez, G., "Alrededor de las narrativas victimales: algunos paralelismos entre las víctimas del terrorismo y otros delitos graves en términos de justicia epis-

2. *La relación victimal en el plan de estudios del grado de Criminología: la asignatura de "Victimología"*

Los estudios universitarios de Criminología tienen como objetivo general la formación de profesionales que den respuesta a las necesidades sociales de seguridad y de prevención y control de la delincuencia. De esta manera, el grado proporciona las herramientas teóricas y prácticas necesarias para analizar la realidad criminal desde una perspectiva interdisciplinar y al mismo tiempo integradora de diferentes campos de conocimiento (Derecho, Sociología, Psicología, etc.). Todo ello facilita los instrumentos para contribuir a la lucha contra el crimen desde el respeto al marco jurídico establecido y desde la confianza en las políticas sociales destinadas a prevenir la delincuencia y a minimizar sus efectos[38].

En la Universitat de València dentro del plan de estudios de este grado universitario y del doble grado Derecho-Criminología, la atención a las víctimas tiene una atención primordial y específica a través de la asignatura de "Victimología". Pues como se establece en la Guía Docente de ésta, la Victimología es una asignatura que se centra en el análisis de la figura de la víctima desde un punto de vista multidisciplinar (psicológico, sociológico, jurídico) y que abarca el estudio de las razones que pueden llevar a una persona a ser víctima y de la situación subsiguiente al hecho delictivo para la persona que lo ha sufrido —lo que implica, entre otras cuestiones, el examen de la compleja relación de la víctima con el sistema de justicia penal en sus facetas sustantiva, procesal y asistencial—, así como de las principales estrategias de prevención y de desvictimación[39].

Por ello, esta asignatura proporciona al alumno un panorama teórico y metodológico de los diversos aspectos de la victimización; esto supone estudiar el área de la victimología en su vertiente teórica, descriptiva, explicativa, predictiva, y de investigación, así como en la aplicación, evaluación, prevención, asesoramiento y/o tratamiento y seguimiento de la víctima en los más variados campos.

---

témica y resiliencia", op. cit., p. 17.

38 Ficha del grado de Criminología de la Universitat de València: https://www.uv.es/uvweb/futurs-estudiants/es/oferta-grados/grado-criminologia-1285852676035/Titulacio.html?id=1285847455660.

39 Guía Docente de la asignatura de "Victimología" del grado de Criminología de la Universitat de València año 2023-24:
https://webges.uv.es/uvGuiaDocenteWeb/guia?APP=uvGuiaDocenteWeb&ACTION=MOSTRARGUIA.M&MODULO=35070&CURSOACAD=2024&IDIOMA=C

Fruto de lo anterior, entre las "competencias" que se deben trabajar en dicha asignatura se encuentran "saber atender las necesidades de la víctima, con especial referencia a las víctimas de violencia de género o los menores", "saber diseñar programas orientados a la prevención de la reincidencia y la victimización" o "ser capaz de analizar el delito, el delincuente y la víctima, y diseñar estrategias de prevención e intervención, desde el respeto a los derechos humanos, la igualdad entre hombres y mujeres, la paz, sostenibilidad, accesibilidad universal y diseño para todos y valores democráticos". Asimismo, entre los "resultados de aprendizaje" podemos destacar la necesidad de que los alumnos sepan "comprender la importancia del respeto a los derechos fundamentales de la víctima en el marco del sistema penal", "conocer y detectar los efectos o consecuencias del delito en las víctimas a nivel bio-psico-social-cultural con especial referencia al género" y "conseguir el manejo de las principales técnicas de evaluación, tratamiento e intervención en la victimización, conociendo las ventajas e inconvenientes"[40].

III. EL DERECHO A LA MEMORIA DE LAS VÍCTIMAS DEL TERRORISMO Y LA EDUCACIÓN EN VALORES EN EL ÁMBITO EDUCATIVO UNIVERSITARIO

1. *La protección y la asistencia a las víctimas del terrorismo*

La Directiva de 25 de octubre de 2012 alude en su Preámbulo (16) a las víctimas del terrorismo como víctimas vulnerables y apunta a algunos argumentos: "Las víctimas del terrorismo han sufrido atentados cuya intención última era hacer daño a la sociedad. Por ello pueden necesitar especial atención, apoyo y protección, debido al especial carácter del delito cometido contra ellos. Las víctimas del terrorismo pueden ser objeto de un importante escrutinio público y a menudo necesitan el reconocimiento social y un trato respetuoso por parte de la sociedad. En consecuencia, los Estados miembros deben tener especialmente en cuenta las necesidades de las víctimas del terrorismo, y esforzarse por proteger su dignidad y seguridad".

---

[40] Guía Docente de la asignatura de "Victimología" del grado de Criminología de la Universitat de València año 2023-24: https://webges.uv.es/uvGuiaDocenteWeb/guia?APP=uvGuiaDocenteWeb&ACTION=MOSTRARGUIA.M&MODULO=35070&CURSOACAD=2024&IDIOMA=C

En España el régimen de protección específico de las víctimas del terrorismo[41] complementado con la normativa autonómica[42] en aquellas comunidades autónomas que han legislado para complementar la reparación a las víctimas del terrorismo han configurado un marco jurídico que es un signo de reconocimiento y de respeto, pero también de solidaridad debida con éstas. El apoyo integral que persigue representa el esfuerzo comparti-

---

41 La Ley 29/2011, de 22 de septiembre, de Reconocimiento y Protección Integral a las Víctimas del Terrorismo (BOE núm. 229, de 23 de septiembre) y el Real Decreto 671/2013, de 6 de septiembre, por el que se aprueba el Reglamento de la Ley 29/2011, de 22 de septiembre, de Reconocimiento y Protección Integral a las Víctimas del Terrorismo (BOE núm. 224, de 18 de septiembre).

42 Ley 10/2010, de 15 de noviembre, relativa a medidas para la asistencia y atención a las víctimas del terrorismo de la Comunidad Autónoma de Andalucía (BOE núm. 296, de 6 de diciembre); Ley del Gobierno de Aragón 4/2008, de 17 de junio, de medidas a favor de las víctimas del Terrorismo (BOE núm. 189, de 6 de agosto) y Decreto 89/2014, de 10 de junio, del Gobierno de Aragón, por el que se aprueba el Reglamento de desarrollo parcial de la Ley 4/2008, de 17 de junio, de medidas a favor de las víctimas del terrorismo (BOA núm. 118, de 19 de junio); Ley de Cantabria 1/2023, de 5 de abril, de Reconocimiento, Homenaje, Memoria y Dignidad a las Víctimas del Terrorismo (BOE núm. 98, de 25 de abril); Ley 4/2017, de 26 de septiembre, de reconocimiento y atención a las víctimas del terrorismo en Castilla y León (BOE núm. 263, de 30 de octubre); Ley 5/2018, de 17 de octubre, para la protección, reconocimiento y memoria de las víctimas del terrorismo (BOE núm. 292, de 4 de diciembre); Ley Foral de Navarra 9/2010, de 28 de abril, de ayuda a las víctimas del terrorismo (BOE núm. 132, de 31 de mayo); Ley de la Comunidad Valenciana 1/2004, de 24 de mayo, de Ayuda a las Víctimas del Terrorismo (BOE núm. 157, de 30 de junio) y Decreto 109/2010, de 16 de julio, del Consell, por el que se aprueba el Reglamento de la Ley 1/2004, de 24 de mayo, de la Generalitat, de Ayuda a las Víctimas del Terrorismo (DOGV núm. 6314, de 20 de julio); Ley 2/2020, de 4 de marzo, de apoyo, asistencia y reconocimiento a las víctimas de terrorismo de la Comunidad Autónoma de Extremadura (BOE núm. 158, de 5 de junio) y Ley 6/2005, de 27 de diciembre, de medidas para la asistencia y atención de las víctimas del terrorismo y de creación del Centro Extremeño de Estudios para la Paz (BOE núm. 40, de 16 de febrero de 2006); Ley de la Rioja 4/2018, de 10 de abril, de medidas a favor de las víctimas del terrorismo (BOE núm. 114, de 10 de mayo); Ley del Pais Vasco 4/2008, de 19 de junio, de Reconocimiento y Reparación a las Víctimas del Terrorismo (BOE núm. 212, de 3 de septiembre de 2011) y Decreto 290/2010, de 9 de noviembre, de desarrollo del sistema de asistencia integral a las Víctimas del Terrorismo (BOPV núm. 239, de 15 de diciembre); Ley 7/2009, de 2 de noviembre, de ayuda a las víctimas del terrorismo de la Comunidad Autónoma de la Región de Murcia (BOE núm. 35, de 10 de febrero de 2011) y Decreto 105/2012, de 27 de julio, por el que se aprueba el reglamento de la Ley de Ayuda a las Víctimas del Terrorismo de la Comunidad Autónoma de la Región de Murcia (BORM núm. 176, de 31 de julio).

do de reparación que las víctimas y sus familias merecen, inspirado por los principios de memoria, dignidad, justicia y verdad.

Definiéndose en nuestra Constitución el Estado como social y democrático de Derecho, que propugna como valores superiores de su ordenamiento jurídico la libertad, la justicia, la igualdad y el pluralismo político[43], el mismo está en la obligación de ofrecer a las personas las condiciones de vida que posibilitaron el disfrute de los derechos fundamentales, al igual que protección frente a los ataques a los mismos. De esta manera el Estado —la Administración— debe, en cuanto gestor de los intereses comunes de la sociedad, asumir la responsabilidad social de atender a quienes ven lesionados sus derechos fundamentales[44]. Además, la resiliencia de las víctimas se dificulta si no se da respuesta a las necesidades y derechos de éstas, en particular a la justicia y reparación que compete al estado y a la sociedad en su conjunto[45].

2. *La memoria de las víctimas del terrorismo: el relato victimal*

Entre los derechos reconocidos a las víctimas del terrorismo en la legislación española se contienen los derechos relativos a la verdad, a la dignidad y a la memoria, entendiendo respecto del primero la obligación de los poderes públicos de contribuir al conocimiento de la verdad, atendiendo a las causas reales de victimización y contribuyendo a un relato de lo que sucedió que evite equidistancias morales o políticas, ambigüedades o neutralidades valorativas, que recoja con absoluta claridad la existencia de víctimas y terroristas, de quien ha sufrido el daño y de quien lo ha causado y que favorezca un desenlace en el que las víctimas se sientan apoyadas y respetadas, sin que quepa justificación alguna del terrorismo y de los terroristas[46].

---

43 Art. 1.1 de la Constitución Española (BOE núm. 311, de 29 de diciembre de 1978).

44 Daza Bonachela, M.M., "Escuchar a las víctimas, victimología, derecho victimal y atención a las víctimas", Tirant Lo Blanch, Valencia, 2015, p. 128.

45 Respecto al desarrollo de la atención a las víctimas de los delitos y los diferentes modelos existentes en este campo (asistencial y de gestión de servicios) puede verse: Villacampa Estiarte, C., "La asistencia a las víctimas del delito: debate sobre los modelos de intervención" en Tamarit Sumalla, J. (coord.) *Víctimas olvidadas*, Tirant lo Blanch, Valencia, 2010, pp. 173 a 202; o Daza Bonachela, M.M., op. cit., pp. 326 a 372.

46 Exposición de Motivos de la Ley 29/2011, de 22 de septiembre, de Reconocimiento y Protección Integral a las Víctimas del Terrorismo. El mecanismo fundamental

Por su parte en relación al derecho a la dignidad, el Preámbulo de la Ley 29/2011 pone de manifiesto la importancia que la defensa y protección de la dignidad de las personas víctimas de terrorismo tiene para la sociedad en su conjunto y que esta Ley protege a través de varias medidas[47]. Pues la dignidad de las víctimas se ve fundamentalmente afectada y mermada en la medida en que, con mejor suerte, son ignoradas o, en el peor de los casos, son plenamente conscientes de que sus propios victimarios gozan de impunidad política y moral puesto que pueden contar libremente su experiencia en su mal llamada "lucha armada", mientras que, las víctimas pasan a ser consideradas culpables[48].

Finalmente, el derecho a la memoria, frente al carácter objetivo de la verdad respecto de los hechos acaecidos, se enfoca hacia el reconocimiento de los hechos ocurridos a nivel social y se trata de un presupuesto esencial para hacer posible la convivencia, la paz y la libertad. La memoria incluirá un aspecto objetivo consistente en la narración de las injusticias que han padecido las víctimas en las actuaciones terroristas. Junto a él, el componente subjetivo hará referencia a las personas que lo hayan padecido ya sean fallecidos, los heridos, secuestrados, extorsionados, amenazados y sus

---

para hacer efectivo el derecho a la verdad de las víctimas del terrorismo es la Oficina de Información y Asistencia a las Víctimas del Terrorismo de la Audiencia Nacional y cuyas funciones se recogen en el art. 51 de la Ley 29/2011.

47 El Título Quinto de la Ley 29/2011 está destinado en su totalidad a proteger a las víctimas y a sus familias en el ámbito procesal. Junto con las ayudas para una asistencia jurídica especializada, se consagra el denominado principio de mínima lesividad en el desarrollo del proceso penal, de manera que no se vean obligadas a mantener contacto directo visual con los imputados o acusados y que eviten las manifestaciones, signos o declaraciones que puedan denigrarlas u ofenderlas, para prevenir una victimización secundaria. En todo caso los Jueces y Tribunales velarán y protegerán la dignidad y la seguridad personal de las víctimas en la tramitación del proceso, evitando la utilización de signos e inscripciones que puedan ofenderles o denigrarles. Asimismo, el contenido del Título Séptimo responde a la necesidad de proteger la dignidad pública de las víctimas. El Estado asume esta protección y se declara expresamente la prohibición de exhibir públicamente monumentos, escudos, insignias, placas y otros objetos o menciones conmemorativas o de exaltación o enaltecimiento individual o colectivo del terrorismo o de los terroristas. Para ello las Administraciones Públicas deberán adoptar las medidas para impedir o para hacer cesar estas situaciones.

48 Maldonado Montoya, J.P., "Tutela institucional y apoyo a las víctimas del terrorismo", en Sempere Navarro, A. (dir.). *Reconocimiento y protección integral a las víctimas del terrorismo. Estudio de la normativa básica estatal y autonómica,* Eolas Ediciones, 2014, p. 187.

familiares. Además del conocimiento sobre los hechos incorporará, finalmente, la alusión al componente político, pues el objetivo de las acciones era eliminar las libertades básicas del Estado democrático de derecho y el derecho de la ciudadanía a la convivencia integradora. La memoria y su significación política contribuirán a la deslegitimación del terrorismo en sus facetas ética, social y política[49].

En la Ley 29/2011 se contempla el deber de los poderes público de impulsar medidas activas para asegurar el recuerdo y el reconocimiento de las víctimas del terrorismo. Si bien, la actuación de los poderes públicos se encontrará en todo momento con una limitación específica, y es que se impone a los mismos en estos casos el máximo respeto y dignificación de las víctimas[50]. Así el art. 56 de la Ley 29/2011 alude a un conjunto ejemplificativo de medidas a adoptar sin que dicha relación sea una lista cerrada pues a ésta se le pueden incorporar otras medidas siempre que cumplan en todo momento con el deber de respeto y dignificación de las víctimas[51].

En este sentido, la mirada y la participación de las víctimas se han convertido en una cuestión esencial a la hora de construir políticas victimológicas y de memoria, campo originalmente copado por el Estado. Este hecho ha dado como resultado un mayor acento en la reparación que se les debe a las víctimas y que no se limita a una cuestión meramente económica, sino que va mucho más allá tocando aspectos relacionados con la memoria como uno de los ingredientes esenciales en todo proceso integral de reparaciones[52].

En las corrientes actuales de la Victimología cultural y narrativa, se destaca el papel de los testimonios narrativos de las víctimas directas e indirec-

---

49 Company Alcañiz, M., "Reparación integral y políticas de protección de las víctimas del terrorismo", Tesis doctoral, Valencia 2017, p. 389.

50 Gutierrez Pérez, M., "Protección de las víctimas en los procesos judiciales, reconocimientos y condecoraciones" en Tony D., Carrillo K. (coords.); Sempere Navarro A.V. (dir.) *Reconocimiento y protección integral a las víctimas del terrorismo: estudio de la normativa básica estatal y autonómica,* Eolas Ediciones, 2014, p. 161.

51 Art. 56 de la Ley 29/2011: "Los poderes públicos impulsarán medidas activas para asegurar, dentro del máximo respeto y dignificación de las víctimas, y mediante actos, símbolos, monumentos o elementos análogos, el recuerdo y el reconocimiento de las víctimas del terrorismo".

52 Salazar Torre, R., "Vulneraciones y alteraciones de la convivencia en Euskadi y la contribución de las víctimas a la reconstrucción del tejido social" en Varona Martínez, G. (coord.) *Victimología: en busca de un enfoque integrador para repensar la intervención con víctimas,* Aranzadi, Navarra, 2018, p. 278.

tas, y diversos autores subrayan su contribución para transmitir y entender las vivencias y experiencias, proyectadas en el tiempo, en relación con los procesos de victimización y reparación dentro de la sociedad[53].

La Victimología conversacional pondría el acento en cómo las víctimas se perciben a sí mismas, por influencia de cómo les perciben los demás. En este sentido, la victimidad, como acción externa a las víctimas que influye en ellas, supone un proceso reflexivo y perceptivo circular que subraya aspectos culturales y creativos (potencialmente transformadores de cara a la justicia social y la convivencia democrática), minusvalorados por las nociones más clásicas apegadas al sistema penal[54].

El Punto 13 del Informe de la Relatora Especial de Naciones Unidas sobre los derechos culturales referido a los procesos de preservación de la memoria histórica de fecha 23 de enero de 2014, presentado en el seno de las Naciones Unidas, esboza la función polifacética de la memoria. El enfoque temporal de las múltiples medidas abarca el pasado —el relato de los hechos, su recuerdo y homenaje—, el presente —restañar las heridas— además de que se debe mirar hacia el futuro —evitar nuevas manifestaciones mediante la educación en valores y la concienciación de las repercusiones negativas de los hechos desencadenantes—. De acuerdo con las dimensiones que se pretenden alcanzar implicará a la esfera privada e individual de las personas, esto es, su reflexión privada, si bien, también la dimensión social pues mediante su divulgación se empezará a recorrer el camino hacia una cultura de participación donde se pueda adoptar una postura crítica sobre los hechos ocurridos y la conveniencia de desterrar la violencia[55].

La función poliédrica de la memoria lleva implícita dos dimensiones. Por un lado, la dimensión moral, desde la cual se trata de abordar aspectos re-

---

53 Varona Martínez, G., "Alrededor de las narrativas victimales: algunos paralelismos entre las víctimas del terrorismo y otros delitos graves en términos de justicia epistémica y resiliencia", op. cit., p. 11.

54 Varona Martínez, G. (dir.) "Caminando restaurativamente: pasos para diseñar proyectos transformadores alrededor de la justicia penal", Dykinson, Madrid, 2020, p. 27.

55 Informe de la Relatora Especial sobre los derechos culturales, Farida Shaheed (https://www.refworld.org/es/ref/themreport/unhrc/2014/es/59470); Company Alcañiz, M., "Un enfoque criminológico del derecho a la memoria de las víctimas del terrorismo", en Silva Junior, D., Martínez-Zaporta Arechaga, E. y Moura De Araujo, D. (dirs.). *Human rights and universal legal,* Autografía, Barcelona, 2017, p. 231.

lacionados con la justicia, ofrecer un reconocimiento y una reparación a las víctimas que han visto vulnerados sus derechos y a sus familiares. Esta primera dimensión entronca con las políticas públicas de víctimas. Por otro, la dimensión ética, política e identitaria, desde la cual se trata de resolver cuestiones de identidad y de construir un relato compartido acerca de nuestra historia. En ella se postula la existencia de una memoria común, memoria que es una apropiación selectiva del pasado y que contribuye a fundar la identidad política compartida de toda la ciudadanía de un Estado. Esta segunda dimensión entronca con las políticas públicas de memoria[56].

Pero para lograr la correcta trasmisión de la experiencia victimal, el narrador no debe centrarse exclusivamente en el daño que le han causado, en describir el "terror específico, inscrito sobre su cuerpo de manera cuidadosa y sistemática", pues además de ello es necesario plasmar la historia que subyace a la acción terrorista de una manera abierta, explicando las circunstancias que rodearon los hechos tanto antes como después de su producción. La razón reside en conseguir que los propios oyentes, prioritariamente otras víctimas y sus familiares más allegados, la comunidad directamente afectada por el fenómeno terrorista y, especialmente, los jóvenes durante su proceso de educación en valores, sean capaces de formar parte de esa historia, esto es, que en cierto modo se pongan al mismo nivel que la víctima[57].

Por ello el relato, contado por supervivientes o allegados que hayan vivido en un clima de silencio o miedo propio de las victimizaciones terroristas, consiste en la construcción reflexiva de la vivencia del sobreviviente[58]. Y desde este punto de vista el relato de las víctimas es la única herramienta de que dispone una sociedad para interiorizar sus desmanes, para vertebrar nuevos caminos de futuro que se alejen de la atrocidad y, sobre todo, para cerrar con un mínimo de solidez heridas colectivas que jamás debieron haberse provocado[59].

---

56 Salazar Torre, R., op. cit., p. 279.

57 Punto 94 del Informe de la Relatora Especial sobre los derechos culturales, Farida Shaheed (https://www.refworld.org/es/ref/themreport/unhrc/2014/es/59470); Calveiro, P., "Testimonio y memoria en el relato histórico", Acta Poética 27(2), otoño 2006, pp. 78-84; Company Alcañiz, M., "Un enfoque criminológico del derecho a la memoria de las víctimas del terrorismo", op. cit., p. 234.

58 Calveiro, P., "Testimonio y memoria en el relato histórico", op. cit., pp. 70 a 79; Company Alcañiz, M., "Un enfoque criminológico del derecho a la memoria de las víctimas del terrorismo", op. cit., p. 234.

59 Gonzalez Zorrila, R., Diaz Bada, T., "Justicia victimal y valor público del testimonio de las víctimas", Eguzkilore, nº 26, San Sebastián, 2012, pp. 176 y 177.

Pero la construcción de la memoria debería partir del reconocimiento de la complejidad histórica y la imposible reconstrucción del pasado, procurando un relato incluyente, consensuado y compartido hasta donde sea posible. Inspirado en los principios democráticos, de respeto, pluralidad e ilegitimidad de la violencia, el relato debería alejarse de las perspectivas épicas, que tantas veces han inspirado las políticas de memoria, o de la tentación estrictamente criminológica (que se esfuerza, sobre todo, en conocer y explicar las causas individuales y sociales de las agresiones violentas). Por ello, en realidad, el relato debería ser primordialmente victimológico: centrado en la victimización terrorista y construido a partir de la mirada de las víctimas[60].

De este modo la memoria puede convertirse en esencial para la recuperación de la víctima durante los procesos de victimización que atraviesa en su camino hacia su nueva vida pues el testimonio tiene la capacidad de vincular la experiencia con la razón crítica. Por una parte, la narración consigue que la propia víctima revise su experiencia traumática, le permite pensar en otras visiones acerca de lo ocurrido, barajar otras posibles explicaciones, y consecuentemente, dar un paso hacia delante en su recuperación incorporándolo a sus vivencias personales en vez que suponga un lastre para toda su vida[61]. Por otra parte, el punto de vista reflejado en el relato ayuda y favorece la reflexión crítica del auditorio acerca del suceso traumático, le invita a compartir postura y abrir nuevos enfoques de análisis de la experiencia y la trascendencia que pueden tener las victimizaciones en un futuro[62].

De hecho, la importancia de la memoria es significativamente transcendental para las víctimas, como así ponen de manifiesto los estudios con víctimas del terrorismo del País Vasco realizados por VARONA Martínez

---

60 De La Cuesta, J.L., "Convivencia pacífica en Euskadi: perspectiva victimológica y de justicia restaurativa", Educación social: Revista de intervención socioeducativa, nº 67, 2017, p. 43.

61 Una revisión sistemática de la utilización de la Terapia de Exposición Narrativa (TEN), así como de sus dos versiones, STAIR para personas que han sufrido adversidades en la infancia, y Fornet para población militar con altos niveles de agresividad para el tratamiento del Trastorno de Estrés Postraumático (TEPT) en adultos, puede consultarse en Caceres Rubio, M.j., Crespo, M., "La Terapia de Exposición Narrativa como alternativa terapéutica para el Trastorno de Estrés Postraumático Complejo", Revista de Victimología, nº 9, 2019, págs. 5-29.

62 Company Alcañiz, M., "Reparación integral y políticas de protección de las víctimas del terrorismo", op. cit., p. 395.

anteriormente citados y en los que las víctimas demandan un mayor protagonismo, fuera de utilizaciones partidistas. Esa demanda se relaciona con su derecho a la verdad y la memoria y el valor de sus testimonios mediante su presencia en actos públicos de memoria; su participación en los debates públicos; su presencia en las aulas; sus testimonios recogidos en memoriales y archivos digitales, etcétera. Pero dicho carácter participativo del derecho a la verdad estaría modulado por el entendimiento del significado político de las víctimas en relación con la deslegitimación del terrorismo en un escenario donde pueden existir prioridades divergentes por parte de otros agentes políticos y sociales[63].

3. *La educación en valores en el ámbito escolar y el universitario*

En el art. 59 de la Ley 29/2011[64] se reconoce el deber de las Administraciones educativas de impulsar planes y proyectos de educación para la libertad, la democracia y la paz. El objetivo de estos planes no será otro que el de garantizar el respeto de los derechos humanos y la defensa de la libertad dentro de los principios democráticos de convivencia. Y resulta reseñable el papel que se le tratará de otorgar a las víctimas del terrorismo en los mismos, puesto que se le procurará la presencia del testimonio directo de aquellas, con el fin de procurar que la ciudadanía tome una mayor conciencia del respeto de aquellos derechos y valores, al contar aquellos instrumentos con personas que sufrieron el menoscabo de aquellos derechos y valores[65].

---

63 De La Cuesta Arzamendi, J.L. (dir.) "Víctimas del terrorismo en la CAPV: Desazón y esperanza en víctimas indirectas de asesinatos. Año 2013", op. cit., pp. 283 y 284. Para una completa exposición de los ámbitos e iniciativas desarrolladas en relación al derecho a la memoria de las víctimas del terrorismo en el ámbito del País Vasco puede consultarse: Varona Martínez, G., "El derecho a la memoria de las víctimas del terrorismo", Servicio Central de Publicaciones del Gobierno Vasco, Vitoria, 2015.

64 "Artículo 59. Educación para la defensa de la libertad, la democracia y la paz. Las Administraciones educativas al objeto de garantizar el respeto de los derechos humanos y la defensa de la libertad dentro de los principios democráticos de convivencia, impulsarán planes y proyectos de educación para la libertad, la democracia y la paz, en los que se procurará la presencia del testimonio directo de las víctimas del terrorismo".

65 Gutiérrez Pérez, M., op. cit., 2014, p. 163.

El derecho a la memoria de las víctimas del terrorismo fundamentalmente ha tenido un desarrollo educativo, primero a través de la acción institucional de los gobiernos autonómicos de los territorios que sufrieron con mayor dureza la acción devastadora del terrorismo, como el vasco[66] (a través del programa Víctimas educadoras que lleva por nombre "Adi-aAian") o el navarro ("ESKUtik", traducido por "De la Mano") mediante programas experimentales que se pusieron en marcha en 2011. En éstos se seleccionaron y prepararon a un grupo de víctimas de ETA y de violencias de otros signos (Batallón Vasco Español, GAL...) para que ofrecieran en las aulas de cuarto curso de la ESO y de Bachiller el testimonio de su experiencia con un objetivo educativo; llegando a alcanzar la escucha de sus testimonios a más 10.000 alumnos. Además en periodos previos, se elaboraron unidades didácticas específicas, bajo el título "Bakerako Urratsak" ("Pasos hacia la Paz") en el marco del Plan vasco de Educación para la paz y los Derechos Humanos (2008-2011)[67].

Posteriormente, a nivel estatal, desarrollando los contenidos incluidos en los currículos educativos de los niveles educativos de la ESO y el Bachillerato a través de la introducción de testimonios directos de las víctimas en las aulas, acompañada de una serie de materiales didácticos para algunas asignaturas (Geografía e Historia, Historia del Mundo Contemporáneo,

---

66 Con base a lo dispuesto en el art. 5 de la Ley autonómica vasca 4/2008, de 19 de junio, de Reconocimiento y Reparación a las Víctimas del Terrorismo, la cual dispone en apartado 3 que "las medidas reparadoras comprenden igualmente el impulso de un conjunto de actuaciones públicas destinadas a proporcionar a las víctimas una satisfacción moral y restablecer públicamente su dignidad, reputación y derechos. Así, se promoverá de manera consensuada con las propias víctimas y con sus asociaciones, en su caso, la realización de ceremonias de homenaje, la erección de monumentos conmemorativos, las iniciativas a nivel local que busquen el reconocimiento y la empatía con las víctimas del terrorismo, la presencia del testimonio de las víctimas en proyectos de educación para la paz y la convivencia, así como otras expresiones de carácter simbólico a través de las cuales se manifieste el apoyo y reconocimiento social, ético y político a las víctimas del terrorismo".

67 Vivancos Comes, M., "Universidad como espacio de memoria: Una experiencia de innovación docente centrada en las víctimas del terrorismo y su proyección jurídica", en Castellano Claramunt, J. (dir.) *Retos y posibilidades de la docencia universitaria desde la perspectiva jurídica*, Dykinson, Madrid, 2023, p. 46.
El análisis y el resultado obtenido en tales programas puede consultarse en Fernández Erdocia, J., "La presencia de las víctimas en las aulas vascas", en Rivera, A. y Mateo, E., *Las narrativas del terrorismo*, Ediciones de la Catarata, Madrid, 2020, pp. 152-159.

Filosofía, Psicología y Valores Éticos) referentes a la historia del terrorismo, el fomento de la consideración hacia las víctimas del terrorismo y el rechazo a la violencia terrorista[68].

La presencia directa y activa de las víctimas en el ámbito educativo se ha defendido con base en la pedagogía narrativa (dado que la narración es la estrategia a través de la cual la víctima construye su identidad en cuanto tal víctima y la narración es, además, la estrategia a través de la cual la víctima comunica a los demás su identidad), preferentemente por las consecuencias positivas que tiene para los alumnos[69] y también para la propia sociedad en su conjunto, pues sus narraciones, su testimonio hablado y también vital ha de contribuir a configurar, no —o al menos, no sólo— una comunidad constituida exclusivamente de víctimas, sino una comunidad plural que las asuma en cuanto tales, enriqueciendo su propia identidad colectiva, en la que precisamente la oposición radical a la violencia terrorista y a su injusticia y la solidaridad con sus damnificados se convierten en señas distintivas[70].

IV. LA VICTIMOLOGÍA NARRATIVA Y LA VICTIMOLOGÍA CONVERSACIONAL: LA IMPORTANCIA DEL RELATO DE LAS VÍCTIMAS Y DE LA CONVERSACIÓN CON ÉSTAS PARA SU DESVICTIMIZACIÓN Y REPARACIÓN

Dado que la finalidad del derecho a la memoria, materializado en los discursos de las víctimas, es la búsqueda de la empatía cognitiva de la sociedad y sobre todo de las generaciones que no han vivido la lacra terrorista,

---

68 Las unidades didácticas pueden consultarse en: https://www.interior.gob.es/opencms/es/servicios~al-ciudadano/tmmites1-gestiones/ayudas-y-subvenciones/ayudas-a-victimas-de-actos-terroristas/unidades-didacticas-del-proyecto-educativo-memoria-y-prevencion-del-terrorismo/

69 Las razones que se suelen aducir pueden verse recogidas en Bilbao, G., "Las víctimas del terrorismo en el ámbito de la educación: una presencia incómoda pero indispensable" en Dupla, A., Villanueva, J. (coords.) *Con las víctimas del Terrorismo*, Gakoa, Donostia, 2010, pp. 102 y 103.

70 Bilbao, G., op. cit., p. 103. Sobre las estrategias que pueden utilizarse para enriquecer este planteamiento educativo puede consultarse Pena Mardaras, C., Bermudez Velez, A., Saez De La Fuente, I., Bilbao Alberdi, G., Prieto Mendaza, J., "Orientaciones y recursos para una enseñanza de la historia de Euskadi que contribuya a la deslegitimación de la violencia", Cuadernos sobre Memoria, Educación Histórica y Construcción de Paz, nº 3, Universidad de Deusto, 2020.

el relato victimal se convierte en el máximo exponente de la memoria[71]. Se trata, si se quiere decir con otras palabras, de evitar que el dolor devenga en vacío, como sucedería inexorablemente sin la memoria, sin el compromiso, esa segunda muerte que representa el olvido[72].

La integración de su mirada implica que la víctima pueda construir una narración de lo que le ha pasado para dotarle de significado y poder expresar sus emociones de forma abierta. Pero la introducción de tales testimonios deberá hacerse en todo caso con cuidado para evitar la evitar la victimidad como patología, es decir, la manipulación de las víctimas (mediante la adulación, la selección de los aspectos del discurso de las víctimas de mayor transcendencia política y más útiles en el establecimiento de la agenda setting) o el victimismo, entendido como la actitud en que incurre quien trata de sacar ventaja de su posición de víctima[73.]

Frente al impacto victimal, el proceso de resiliencia debe pensarse y desplegarse tanto a nivel del individuo como a nivel de la sociedad, en términos de capacidades individuales y competencias sociales (incluyendo un contexto social e institucional atento a las necesidades de las víctimas). El hecho de la interrelación de la resiliencia personal y social involucra la educación en valores democráticos y de justicia social de los jóvenes. De esta forma, la vulnerabilidad, como desconexión, inseguridad y/o desigualdad ante la vulneración de los derechos humanos se funde con la resiliencia, la cual puede definirse como fortaleza a partir de la sensibilidad[74].

Por ello, la memoria, a través del relato victimal, contribuye sobre todo a la rehabilitación y satisfacción moral, puntos esenciales en el proceso de desvictimización de la víctima o lo que es lo mismo su reparación. Pues, en definitiva, en estas narrativas se aprecian las referencias al trauma como silencio y pérdida, que genera miedo e impotencia, y se perpetúa. Por ello la resiliencia se observa como un proceso de cambio continuo que requiere de conversaciones significativas que permitan herramientas para esa trans-

---

71 Company Alcañiz, M., "Reparación integral y políticas de protección de las víctimas del terrorismo", op. cit., p. 397.

72 Rodríguez Uribes, J.M., op. cit., p. 209.

73 Tamarit Sumalla, J.M.; Paradojas y patologías en la construcción social, política y jurídica de la victimidad, op. cit., pp. 17 a 19.

74 De La Cuesta Arzamendi, J.l., Varona Martínez, G. (dirs.) "Impacto victimal, resiliencia e interpelación: encuentros entre víctimas del terrorismo y entre víctimas y estudiantes universitarios", UPV-EHU, Bilbao, 2016, pp. 25 y 26

formación de valores y condiciones de vida, de ahí el interés, en caso de haberlo, de las distintas modalidades de justicia restaurativa[75].

La vida humana (individual y colectiva) posee una dimensión narrativa muy importante y ello implica crear contextos para saber narrar y saber escuchar hechos, emociones y valores. Esta dimensión es relevante en relación con los procesos de victimización y recuperación ya que las víctimas buscan cómo explicar o integrar lo que ha sucedido: el ataque terrorista, la pérdida o lesión de un ser querido por voluntad intencionada de otros seres humanos. Las víctimas han buscado una explicación desde cuando lo sufrieron, en su caso siendo niños o jóvenes, hasta el momento presente, con todos sus cambios vitales a lo largo de los años. No podemos dejarlas solas en esa narración, no sería justo porque no se encuentran en una situación de igualdad frente a las personas que no sufrieron ese trauma, incluyendo aquellas que fueron responsables en mayor o menor grado del mismo o que miraron hacia otro lado. Por ello necesitamos también narraciones pronunciadas y escuchadas en espacios públicos y con reconocimiento de las responsabilidades, todo ello sin manipulaciones políticas[76].

En este sentido, la justicia restaurativa, con todo su valor como proceso más que como resultado, sigue unas fases que comienzan, primero entre la persona facilitadora y los participantes, asegurando la voluntariedad informada y trabajando de forma individualizada con lo que puede esperarse y hacerse en un futuro encuentro. Ese encuentro, a su vez, comienza siempre aclarando las normas o reglas de la conversación, basadas en el respeto, la confidencialidad y la honestidad, para pasar después a las presentaciones, a la narración de lo sucedido y su impacto, al reconocimiento del daño y a las propuestas de reparación y su seguimiento, con un cierre final. Resulta imprescindible subrayar que no se trata de una conversación bilateral, sino grupal o comunitaria con el apoyo de una o varias personas facilitadoras e implica una labor fundamental de escucha (también desde lo corporal y gestual), más que de intervención. La escucha activa (también compasiva en un sentido transformador) requiere escuchar las palabras (lo que se dice), los hechos (lo que se hace), las emociones (lo que se siente) y los

---

75 Varona Martínez, G., "Alrededor de las narrativas victimales: algunos paralelismos entre las víctimas del terrorismo y otros delitos graves en términos de justicia epistémica y resiliencia", op. cit., p. 26.

76 De La Cuesta Arzamendi, J.l., Varona Martínez, G. (dirs.) "Impacto victimal, resiliencia e interpelación: encuentros entre víctimas del terrorismo y entre víctimas y estudiantes universitarios", op. cit., p. 37.

valores (lo que se piensa). Por ello esas conversaciones, deben estar detalladamente preparadas y cuidadas para no provocar más daños, sino para reparar y estarán presentes palabras que transmiten hechos, emociones y valores, relacionados, entre otros, con la vergüenza, el dolor, el reconocimiento, la responsabilización, el respeto, la confianza o la dignidad[77].

Así, los relatos victimales a la vez que contribuyen a la construcción de la memoria del fenómeno terrorista ocurrido en España también puede ejercer efectos positivos tanto en la víctima directa como en la indirecta. Las narrativas de las víctimas poseen un valor conversacional, sincrónico o diacrónico, acerca no sólo del sufrimiento y del delito, sino de su injusticia y su posible reparación[78] y en la medida en que una vez que son capaces de transmitir su experiencia a un auditorio, en la mayoría de los casos, los oyentes devuelven el significado que han buscado trasladar. De esta manera, el reconocimiento que les brindan con su empatía y comprensión del suceso traumático por el que han pasado, se traduce en un avance en el proceso lógico de reparación. El reconocimiento y comprensión son las herramientas más útiles para evitar que se perpetúen el olvido, la incomprensión y el silencio por el que han pasado o tienen la impresión incluso, actualmente, por el que están pasando[79].

Por ello, en conclusión, puede y debe defenderse la participación de las víctimas del terrorismo en el ámbito universitario teniendo en mente también los efectos positivos y terapéuticos que para la disminución de la victimización de éstas puede tener en base a la llamada Victimología conversacional o narrativa[80]. En este sentido sería adecuado introducir sus testimonios (a través de entrevistas o conversaciones, o de forma indirecta mediante el análisis de autobiografías y declaraciones efectuadas por las víctimas) mediante el desarrollo de programas o prácticas de justicia restaurativa en el seno de la asignatura de "Victimología" del grado universitario de "Criminología".

---

77 Varona Martínez, G. (dir.) "Caminando restaurativamente: pasos para diseñar proyectos transformadores alrededor de la justicia penal", op. cit., p. 27.

78 Varona Martínez, G., "Alrededor de las narrativas victimales: algunos paralelismos entre las víctimas del terrorismo y otros delitos graves en términos de justicia epistémica y resiliencia", op. cit., pp. 24 y 25.

79 Company Alcañiz, M., "Reparación integral y políticas de protección de las víctimas del terrorismo", op. cit., p. 400.

80 Experiencias en esta dirección con gran desarrollo pueden consultarse en: Varona Martínez, G. (dir.) "Caminando restaurativamente: pasos para diseñar proyectos transformadores alrededor de la justicia penal", op. cit.; De La Cuesta Arzamendi, J.l., Varona Martínez, G. (dirs.) "Impacto victimal, resiliencia e interpelación: encuentros entre víctimas del terrorismo y entre víctimas y estudiantes universitarios", op. cit.

V. CONCLUSIONES

Es una obligación de nuestro Estado asumir la responsabilidad social de atender a quienes ven lesionados sus derechos fundamentales y por tanto la reparación de las víctimas es un deber inspirado por los principios de memoria, dignidad, justicia y verdad. Entre los derechos reconocidos a las víctimas del terrorismo en la legislación española se contiene el relativo a la memoria que se enfoca hacia el reconocimiento de los hechos ocurridos a nivel social y se trata de un presupuesto esencial para hacer posible la convivencia, la paz y la libertad.

La construcción de la memoria debería partir del reconocimiento de la complejidad histórica y la imposible reconstrucción del pasado, procurando un relato incluyente, consensuado y compartido hasta donde sea posible. Dado que la finalidad del derecho a la memoria, materializado en los discursos de las víctimas, es la búsqueda de la empatía cognitiva de la sociedad y sobre todo de las generaciones que no han vivido la lacra terrorista, el relato victimal se convierte en el máximo exponente de la memoria. Es decir, el relato debería ser primordialmente victimológico: centrado en la victimización terrorista y construido a partir de la mirada de las víctimas.

La narración de las víctimas pretende garantizar el respeto y el afianzamiento de los derechos humanos y la defensa de la libertad que se incluyen dentro de los principios democráticos de convivencia pues la expresión es el reflejo precisamente de la vulneración de los mismos. De hecho, el relato contado por supervivientes o allegados que hayan vivido en un clima de silencio o miedo propio de las victimizaciones terroristas, consiste en la construcción reflexiva de la vivencia del sobreviviente

Pero la memoria también puede convertirse en esencial para la recuperación de la víctima durante los procesos de victimización que atraviesa en su camino hacia su nueva vida pues el testimonio tiene la capacidad de vincular la experiencia con la razón crítica. A través del relato victimal, contribuye sobre todo a la rehabilitación y satisfacción moral, puntos esenciales en el proceso de desvictimización de la víctima o lo que es lo mismo su reparación.

Por ello la explicación de la víctima produce efectos positivos en la víctima debido a que puede ser un factor clave en la recuperación de la persona afectada reduciendo su nivel de victimización pero la introducción de tales testimonios deberá hacerse en todo caso con cuidado para evitar la evitar la victimidad como patología o el victimismo.

Las distintas modalidades de justicia restaurativa pueden ser un campo idóneo para el refuerzo de la resiliencia en las víctimas, entendida como un proceso de cambio continuo que requiere de conversaciones significativas que permitan herramientas para esa transformación de valores y condiciones de vida.

En este sentido, la introducción de los testimonios de las víctimas del terrorismo en el ámbito educativo universitario respectando las pautas y directrices de la Victimología narrativa o conversacional puede ser beneficiosa para reducir la victimización de las víctimas. Por ello es necesario que la participación voluntaria e informada de la víctima a través del relato o la conversación deba seguir unas fases preestablecidas y contar con el apoyo de una o varias personas facilitadoras. Asimismo, deben fijarse las normas o reglas de la conversación que deben estar basadas en el respeto, la confidencialidad y la honestidad. Finalmente debe remarcarse que las actividades de relato o conversación no tienen una dimensión bilateral sino grupal o comunitaria e implican una labor fundamental de escucha más que de intervención por lo que deben estar detalladamente preparadas y cuidadas para no provocar más daños, sino para reparar.

La asignatura de "Victimología" del grado universitario de "Criminología" (también presente en el doble grado "Derecho-Criminología") se centra en el análisis de la figura de la víctima desde un punto de vista multidisciplinar, abarcando la situación subsiguiente al hecho delictivo para la persona que lo ha sufrido —lo que implica, entre otras cuestiones, el examen de la compleja relación de la víctima con el sistema de justicia penal en sus facetas sustantiva, procesal y asistencial—, así como de las principales estrategias de prevención y de desvictimación. Debiéndose destacar al respecto:

Que dentro de las "competencias" que se deben trabajar en dicha asignatura se encuentran la de saber atender las necesidades de la víctima, diseñar programas orientados a la prevención de la reincidencia y la victimización y diseñar estrategias de prevención e intervención, desde el respeto a los derechos humanos, la igualdad entre hombres y mujeres, la paz, sostenibilidad, accesibilidad universal y diseño para todos y valores democráticos.

Y que entre los "resultados de aprendizaje" que deben conseguirse en la asignatura destacar la necesidad de que los alumnos sepan comprender la importancia del respeto a los derechos fundamentales de la víctima en el marco del sistema penal y conocer y detectar los efectos o consecuencias del delito en las víctimas a nivel bio-psico-social-cultural con especial referencia al género.

Por todo lo anterior la asignatura de "Victimología" puede constituir un ámbito ideal para poner en práctica en las aulas universitarias el desarrollo de programas o prácticas de justicia restaurativa, debidamente planificadas bajo los contenidos y directrices de la Victimología narrativa o conversacional, que consistan en la efectiva introducción de los testimonios de las víctimas del terrorismo.

REFERENCIAS BIBLIOGRÁFICAS

BARONA VILAR, S., "Restorative justice, víctima y mediación. Tres conceptos en el nuevo paradigma de la justicia penal", en DE LUCAS MARTIN J. (ed.) et al. Pensar el tiempo presente. Homenaje al Profesor Jesús Ballesteros Llompart, Tirant lo Blanch, Valencia, 2018.

BILBAO, G., "Las víctimas del terrorismo en el ámbito de la educación: una presencia incómoda pero indispensable" en DUPLA, A Y VILLANUEVA, J. (coords.) Con las víctimas del Terrorismo, Gakoa, Donostia, 2010.

CÁCERES RUBIO, M.J., CRESPO, M., "La Terapia de Exposición Narrativa como alternativa terapéutica para el Trastorno de Estrés Postraumático Complejo", Revista de Victimología, nº 9, 2019.

CALVEIRO, P., "Testimonio y memoria en el relato histórico", Acta Poética 27(2), otoño 2006.

COMPANY ALCAÑIZ, M., "Un enfoque criminológico del derecho a la memoria de las víctimas del terrorismo", en SILVA JUNIOR, D., MARTÍNEZ-ZAPORTA ARECHAGA, E. Y MOURA DE ARAUJO, D. (dirs.). Human rights and universal legal, Autografía, Barcelona, 2017.

COMPANY ALCAÑIZ, M., "Reparación integral y políticas de protección de las víctimas del terrorismo", Tesis doctoral, Valencia 2017

DAZA BONACHELA, M. M. "Escuchar a las víctimas, victimología, derecho victimal y atención a las víctimas", Tirant Lo Blanch, Valencia, 2015.

DE LA CUESTA ARZAMENDI, J.L. (dir.) "Víctimas del terrorismo en la CAPV: Desazón y esperanza en víctimas indirectas de asesinatos. Año 2013", Donostia-San Sebastián: UPV-EHU, 2014.

DE LA CUESTA ARZAMENDI, J.L., VARONA MARTÍNEZ, G. (dirs.) "Impacto victimal, resiliencia e interpelación: encuentros entre víctimas del terrorismo y entre víctimas y estudiantes universitarios", UPV-EHU, Bilbao, 2016.

DE LA CUESTA, J.L., "Convivencia pacífica en Euskadi: perspectiva victimológica y de justicia restaurativa", Educación social: Revista de intervención socioeducativa, nº 67, 2017.

ECHEBURUA ODRIOZOLA, E. Y GUERRICAECHEVARRIA, C., "Especial consideración de algunos ámbitos de victimación", en BACA BALDOMERO, E., ECHEBURUA ODRIOZOLA, E. y TAMARIT SUMALLA, J. M. (coords.). Manual de Victimología, Tirant lo Blanch, Valencia, 2006.

FATTAH, E. A., "Victimología: pasado, presente y futuro", Revista Electrónica de Ciencia Penal y Criminología, nº 16, 2014.

FERNÁNDEZ ERDOCIA, J., "La presencia de las víctimas en las aulas vascas", en RIVERA, A. Y MATEO, E., Las narrativas del terrorismo, Ediciones de la Catarata, Madrid, 2020.

FERNÁNDEZ MARRERO, A., "Impacto psicológico del terrorismo y su atención en salud mental desde la perspectiva de los Derechos Humanos", Diego Marín, Murcia, 2021.

GARCÍA-PABLOS DE MOLINA, A., "Tratado de Criminología", 4ª edición, Tirant lo Blanch, Valencia, 2008.

GONZÁLEZ ZORRILA, R., DÍAZ BADA, T., "Justicia victimal y valor público del testimonio de las víctimas", Eguzkilore, nº 26, San Sebastián, 2012.

GUTIÉRREZ PÉREZ, M., "Protección de las víctimas en los procesos judiciales, reconocimientos y condecoraciones", en SEMPERE NAVARRO, A.V. (dir.). Reconocimiento y protección integral a las víctimas del terrorismo: estudio de la normativa básica estatal y autonómica, Eolas, 2014.

HERRERA MORENO, M., "La hora de la víctima. Compendio de Victimología", Edersa, Madrid, 1996.

HERRERA MORENO, M., "¿Quién teme a la victimidad? el debate identitario en victimología", Revista de Derecho Penal y Criminología, 3.ª Epoca, nº 12 (julio de 2014).

JIMÉNEZ RAMOS, M. "El tiempo del testimonio. Las víctimas y el relato de ETA", Comares, Granada, 2023.

LANDROVE DÍAZ, G. "Victimología", Tirant lo Blanch, Valencia, 1990.

MALDONADO MONTOYA, J.P., "Tutela institucional y apoyo a las víctimas del terrorismo", en SEMPERE NAVARRO, A. (dir.) Reconocimiento y protección integral a las víctimas del terrorismo. Estudio de la normativa básica estatal y autonómica, Eolas Ediciones, 2014.

MONTESINOS GARCÍA, A., "Una breve aproximación a la justicia restaurativa", en MONTESINOS García, A. (ed.) Tratado de Mediación. Tomo II., Tirant lo Blanch, Valencia, 2017.

MORILLAS FERNÁNDEZ, D.L., PATRO Hernández, R.M. y AGUILAR CARCELES, M.M., "Victimología: un estudio sobre la víctima y los procesos de victimización", 2ª edición, Dykinson, Madrid, 2014.

NEUMAN, E., "Benjamin Mendelsohn: precursor de la autonomía científica de la victimología", IterCriminis, nº 7, 2006.

PENA MARDARAS, C., BERMÚDEZ VÉLEZ, A., SAEZ DE LA FUENTE, I., BILBAO ALBERDI, G., PRIETO MENDAZA, J., "Orientaciones y recursos para una enseñanza de la historia de Euskadi que contribuya a la deslegitimación de la violencia", Cuadernos sobre Memoria, Educación Histórica y Construcción de Paz, nº 3, Universidad de Deusto, 2020.

RODRÍGUEZ URIBES, J.M., "Las víctimas del terrorismo en España", Dykinson, Madrid, 2013.

SÁEZ DE LA FUENTE ALDAMA, I., "Informe sociológico sobre los testimonios de las víctimas", Fundación Fernando Buesa Blanco, Bakeaz, 2011, (http://www.zoomrights.com).

SALAZAR TORRE, R., "Vulneraciones y alteraciones de la convivencia en Euskadi y la contribución de las víctimas a la reconstrucción del tejido social" en VARONA MARTÍNEZ, G. (coord.) Victimología: en busca de un enfoque integrador para repensar la intervención con víctimas, Aranzadi, Navarra, 2018.

TAMARIT SUMALLA, J.M. "La Victimología: cuestiones conceptuales y metodológicas", en BACA BALDOMERO, E., ECHEBURUA ODRIOZOLA, E., TAMARIT SUMALLA, J.M. (coords.). Manual de Victimología, Tirant lo Blanch, Valencia, 2006.

TAMARIT SUMALLA, J.M., "Paradojas y patologías en la construcción social, política y jurídica de la victimidad", InDret, nº 1/2013, Barcelona, 2013.

VARONA MARTÍNEZ, G., "El derecho a la memoria de las víctimas del terrorismo", Servicio Central de Publicaciones del Gobierno Vasco, Vitoria, 2015.

VARONA MARTÍNEZ, G., "La fundamentación victimológica de una reparación reforzada en casos de victimización terrorista" en VARONA MARTÍNEZ, G. (coord.) Victimología: en busca de un enfoque integrador para repensar la intervención con víctimas, Aranzadi, Navarra, 2018.

VARONA MARTÍNEZ, G. (dir.) "Caminando restaurativamente: pasos para diseñar proyectos transformadores alrededor de la justicia penal", Dykinson, Madrid, 2020.

VARONA MARTÍNEZ, G., "Alrededor de las narrativas victimales: algunos paralelismos entre las víctimas del terrorismo y otros delitos graves en términos de justicia epistémica y resiliencia", Araucaria: Revista Iberoamericana de Filosofía, Política, Humanidades y Relaciones Internacionales, Vol. 24, nº 50, 2022.

VILLACAMPA ESTIARTE, C., "La asistencia a las víctimas del delito: debate sobre los modelos de intervención" en TAMARIT SUMALLA, J.M. (coord.) Víctimas olvidadas, Tirant lo Blanch, Valencia, 2010.

VIVANCOS COMES, M., "Universidad como espacio de memoria: Una experiencia de innovación docente centrada en las víctimas del terrorismo y su proyección jurídica", en CASTELLANO CLARAMUNT, J. (dir.) Retos y posibilidades de la docencia universitaria desde la perspectiva jurídica, Dykinson, Madrid, 2023.

Memoria y prevención del terrorismo. La visibilidad de las víctimas en las aulas

RAÚL LÓPEZ ROMO
Responsable de Educación. Centro Memorial de las Víctimas del Terrorismo

SUMARIO: I. INTRODUCCIÓN. II. ¿QUÉ SABEN DE SU HISTORIA NUESTROS JÓVENES? III. ¿POR QUÉ INTRODUCIR EL TERRORISMO EN LOS TEMARIOS? IV. ¿CÓMO INTRODUCIR EN LA EDUCACIÓN LA CUESTIÓN DEL TERRORISMO? V. ¿PARA QUÉ SIRVE EL TESTIMONIO DE UNA VÍCTIMA DEL TERRORISMO? VI. ¿QUÉ QUEDA POR HACER?

I. INTRODUCCIÓN

El Centro Memorial de las Víctimas del Terrorismo es una fundación pública que promueve desde 2016 investigaciones históricas, tiene un centro de documentación, impulsa publicaciones y organiza homenajes públicos, exposiciones temporales y permanentes. También cuenta con un programa educativo, que es uno de los pilares que dan sentido a su existencia. En él me centraré en las siguientes líneas.

Voy a plantear mi capítulo sobre la visibilidad de las víctimas en las aulas en torno a una serie de preguntas a las que iré dando posibles respuestas, aunque en el fondo lo más importante es la primera parte: interpelar(nos) alrededor de dichas cuestiones.

II. ¿QUÉ SABEN DE SU HISTORIA NUESTROS JÓVENES?

Tal fue el título de un libro editado por Ander Delgado y Antonio Rivera en 2019. La respuesta rápida y fácil, casi intuitiva, sería decir que saben poco y de un modo fragmentario. No obstante, si profundizamos enseguida comprobamos que la cuestión es compleja y que hay diversos aspectos a tener en cuenta. Los jóvenes no reciben solo nociones sobre el pasado a través de vías formales como es la educación, sino también a través de otras informales como son las series televisivas, bien de ficción, bien documentales (*Patria, La línea invisible, El desafío, ETA, el final del silencio…*), la familia o los amigos. La educación es solo una forma más, tal vez ni siquiera la más importante, al menos para ellos, porque al ser la vía normativa y reglada, a veces es vista de un modo poco atractivo, cuando no concita una predisposición negativa o un rechazo instintivo ante la autoridad.

Al mismo tiempo, la educación es una herramienta fundamental para fomentar el conocimiento crítico que nos prepara para ser ciudadanos en el pleno sentido de la palabra. En el caso de la historia, tiene que proporcionar un relato en el que los hechos concretos y sus factores estén articulados en un hilo cronológico, que distinga diferentes fases y ofrezca argumentos, y no solo una concatenación de sucesos. El ideal es que así nos preparamos para ser sujetos más conscientes de nosotros mismos y de nuestro contexto, gracias a conocer de dónde venimos, y con más herramientas para responder ante una realidad compleja.

Una reciente encuesta de GAD3 ha querido poner de manifiesto el grado de conocimiento, o más bien de desconocimiento, que existe entre los españoles, jóvenes incluidos, acerca de ETA. La muestra no era muy amplia (1.200 encuestados) y el encargo e incluso la forma de presentar los resultados no guardaba un propósito científico, sino mediático. En todo caso, podemos atisbar una tendencia que ha quedado confirmada en otros análisis. Al 60% de los jóvenes no le dice nada el nombre de Miguel Ángel Blanco. Hace pocos años otra encuesta, en este caso de la Universidad de Deusto, desvelaba que la mitad de los universitarios vascos ya no conocía al propio Blanco. Como se ve, al preguntar eso mismo a jóvenes de toda España los resultados no varían sustancialmente, o incluso la ignorancia se va incrementando con el paso del tiempo.

El problema no reside solo en que los jóvenes no sepan quién fue Miguel Ángel Blanco o qué fue el atentado de Hipercor, que también; la cuestión es que eso tiene que ver con un desconocimiento más generalizado de la historia. Somos seres históricos; individuos sociales que tenemos sentido como resultado de procesos que vienen desde atrás. Una parte arrastra tópicos como que la primera ETA fue buena por su supuesta lucha antifranquista o como que hubo un conflicto entre dos bandos equiparables. Además, y esto es peor, entre un 20 y un 25% de los jóvenes vascos y navarros cree que usar la violencia para conseguir objetivos políticos está justificado.

III. ¿POR QUÉ INTRODUCIR EL TERRORISMO EN LOS TEMARIOS?

Por un lado, desde 2015 hay un marco normativo, a través del Real Decreto que establece el currículum básico de educación secundaria, que prevé contenidos sobre terrorismo en diferentes asignaturas. Se trata de cumplir con ese mandato.

Por otra parte, constatamos un vacío de conocimiento que es preciso cubrir. Hace varios años la entonces Defensora del Pueblo, Soledad Becerril, promovió un informe en el que se investigaban 14 manuales escolares dirigidos a la asignatura de Historia de 2º de Bachillerato. En ninguno de ellos se trabajaba con testimonios de víctimas y el informe empleaba calificativos contundentes para evaluar el tipo de tratamiento "superficial" del terrorismo que se hacía en ellos, sin tablas, ni gráficas, ni apenas información de contexto. Era una llamada de atención para que se hiciese algo para corregir esta situación.

Con todo, en el momento actual hay un impulso procedente bien del mundo asociativo de las víctimas del terrorismo, bien de las instituciones, para ir elaborando materiales didácticos que aborden esta cuestión. En el primer caso, cabe mencionar unidades didácticas como la publicada por Covite o los videojuegos educativos de la Fundación Fernando Buesa, solo por poner dos ejemplos. En el segundo caso, está el programa "Adi-adian", impulsado por el Gobierno Vasco, y el proyecto "Memoria y prevención del terrorismo", desarrollado por los ministerios de Educación e Interior, el Centro Memorial de las Víctimas del Terrorismo y la Fundación Víctimas del Terrorismo.

Sin embargo, el mundo académico en general y los historiadores en particular han quedado un tanto rezagados en esta labor, al menos por lo que respecta a iniciativas propias. Se podría especular por qué ocurre esto. En mi opinión, hay un problema de falta de perspectiva ante unos hechos aún muy recientes, pero sobre todo hay un problema de incomodidad ante unos hechos traumáticos, y más en ámbitos como el País Vasco, donde las huellas de la violencia, incluyendo los discursos que la justifican o la suavizan, no desaparecen de la noche a la mañana. En el futuro lo natural y lo conveniente será que los diferentes estamentos implicados, ya sean docentes, investigadores, instituciones o asociaciones de víctimas, vayan de la mano y generen más y mejores materiales para el aula.

A fin de cuentas, si es importante conocer que la filosofía nació en la Grecia clásica y la imprenta en la Europa humanística, cómo no va a ser relevante que los alumnos conozcan hechos recientes que han marcado al País Vasco y a España en su conjunto durante 50 años, y de los que hay abundantes testigos vivos. Hablamos del terrorismo de ETA, que ha sido la banda más sangrienta, más longeva y la que ha contado con más apoyo en una parte de la sociedad, pero también en diferentes periodos de otros terrorismos como el de extrema derecha, con el Batallón Vasco Español y la Triple A, el de extrema izquierda, encarnado sobre todo por los GRAPO, y el yihadista, de Al Qaeda al Daesh. Hurtar a los jóvenes el conocimiento de una parte tan importante de su pasado es un gran error.

IV. ¿CÓMO INTRODUCIR EN LA EDUCACIÓN LA CUESTIÓN DEL TERRORISMO?

En el caso de la entidad en la que trabajo, el Centro Memorial de las Víctimas del Terrorismo, llevamos varios años organizando cursos de verano, grabando testimonios para después publicarlos en diferentes plataformas, también online, editando libros, dando charlas en universidades y otros foros, y buscando formatos atractivos para los jóvenes, entre los que podríamos mencionar un videojuego educativo, "Yo sobreviví al terrorismo", el primero centrado en la deslegitimación del terrorismo, creado junto con la Fundación Fernando Buesa, al igual que un cómic, "Dolor y memoria", que recoge nueve historias de víctimas y que vio la luz a finales de 2020.

El proyecto más ambicioso en el que nos hemos embarcado es al que anteriormente me refería, "Memoria y prevención del terrorismo", que incluye el testimonio directo de las víctimas en las aulas. La actividad suele durar una sesión. Esas víctimas han recibido una formación en la que se les transmite que acuden a los institutos en calidad de educadoras. Previamente, los alumnos han trabajado con nuestras unidades didácticas, con textos y vídeos en los que se les aporta un conocimiento científico que complementa la parte más vivencial y emotiva.

Hemos elaborado siete unidades didácticas para otras tantas asignaturas de ESO y Bachillerato. Varias son de Historia universal y de España, pero también hay otras para Valores Éticos, Filosofía y Psicología. Todas ellas están disponibles en abierto en la web del Memorial: www.memorialvt.com. Cualquier profesor, cualquier persona interesada puede descargárselas libremente.

La primera, "El terrorismo en España", escrita por el equipo de historiadores del Memorial, la publicamos en 2018 y es para la asignatura de Historia de España de 4º de ESO. Incluye una periodización del terrorismo en nuestro país, distingue los diferentes grupos de organizaciones terroristas, explica el papel del movimiento pacifista y de la respuesta social tras los atentados, etc.

La segunda, con el mismo título, de Jesús Prieto, está destinada a Historia de 2º de Bachillerato. Está basada en la anterior, pero con contenidos más avanzados.

La tercera, "Una piel invisible contra el terrorismo", escrita por Ricardo Arana, es para Valores Éticos de 1° de ESO. Es el texto dirigido a alumnos más pequeños y, por tanto, está adaptado a ese nivel. De momento no hemos elaborado ningún material para primaria, aunque los habrá: situaciones de aprendizaje y fichas de actividades.

La cuarta, del mismo autor, es "Víctimas del terrorismo y derechos humanos", para Valores Éticos de 4° de ESO.

Jesús Prieto escribió la quinta unidad didáctica sobre "El terrorismo internacional en el mundo contemporáneo", para Historia universal de 1° de Bachillerato. En este caso ya no hablamos solo de España, sino de lo ocurrido en todo el mundo al hilo sobre todo de la última oleada de terrorismo, en la que el yihadismo ha tenido un protagonismo central.

La sexta, "La radicalización violenta", es obra de Manuel Moyano y está dirigida a alumnos de Psicología de 2° de Bachillerato.

Por último, Luis Roca ha elaborado "La argumentación como respuesta al terrorismo" para Filosofía de 1° de Bachillerato.

En todos los casos hemos intentado cuidar el diseño gráfico para que sean materiales adaptados al tipo de cultura audiovisual que tienen los alumnos. Al mismo tiempo, hemos pretendido que sean recursos dialógicos, en los que se plantean actividades para que ellos puedan intervenir buscando información o dando respuesta a diferentes situaciones: qué habrían hecho ellos en el lugar de una persona extorsionada, invitarles a ponerse en el lugar de un amenazado o reconocer aquellos lugares de memoria relacionados con el terrorismo que puedan estar en su entorno. Por último, pero no menos importante que lo anterior: se ha antepuesto el rigor; en todos los casos hablamos de documentos elaborados por expertos reconocidos en su ámbito (historiadores, filósofos, psicólogos, profesores, etc.).

A nadie se le escapa que esos buenos propósitos chocan contra un problema evidente en lugares como el País Vasco: la resistencia de una parte de la comunidad educativa a tratar un tema que aún produce tanto miedo como prejuicios. Sin embargo, es necesario afrontarlo con seriedad, sin fiarlo todo a lo que los jóvenes puedan absorber a través de las series o de lo que escuchen en casa o en la calle.

V. ¿PARA QUÉ SIRVE EL TESTIMONIO DE UNA VÍCTIMA DEL TERRORISMO?

Lejos de darla por sabida, esta es una cuestión que nos hemos planteado desde el Memorial y que, al mismo tiempo, algunas de las propias víctimas también se han formulado. Podemos ilustrarlo a través de un caso concreto. Recientemente hemos entrevistado a Sylvie Olazcuaga, una víctima de los GAL, en el sur de Francia. Ella es una mujer que perdió a su hermano Christian en 1984; un pistolero le tiroteó al confundirle con un miembro de ETA. No importan aquí tanto los detalles concretos del atentado cuanto una de las dudas de Sylvie. No podía entender qué interés podían tener sus palabras, por qué nos desplazábamos hasta su casa para hablar con ella y grabarla.

Le intentamos explicar que su testimonio es fundamental para la deslegitimación del terrorismo. No es lo mismo que nosotros persigamos esa meta, que también es importante en calidad de historiadores, maestros, juristas, sociólogos o desde la profesión que hayamos elegido desempeñar, cada uno con su perspectiva, que el hecho de que lo haga ella en primera persona, ya que estamos ante una voz particularmente "creíble". Este concepto se suele emplear desde RAN, la Red de la Unión Europea para la Prevención de la Radicalización. Una "voz creíble" es la de una testigo directa, que en este caso ha sufrido un tremendo daño injusto, y que además se despliega sin odio, sin ansias de venganza, que rompe por tanto la cadena del mal porque no quiere responder a la violencia con más violencia. De esta forma, se convierte en un modelo cívico de primera categoría. Es, por tanto, una voz con un poder pedagógico enorme.

En palabras de Pedro Mari Baglietto, cuyo hermano Ramón fue asesinado por ETA en 1980: "No se pueden cerrar estas heridas en el olvido. Hemos considerado que debemos seguir viniendo a las charlas y explicando lo que pasó. Pero, además, como venimos sin ningún ánimo de venganza, sin ningún reproche, venimos a hacer pedagogía de la no violencia, la no venganza y a fomentar el Estado de Derecho para combatir la violencia. Como venimos en ese tono, creemos que vamos a seguir, hasta que por lo menos en los libros de texto, los chavales del futuro cuenten ya este tema explicado ya con la mayor objetividad posible". Aunque estas líneas las firma Pedro Mari Baglietto, en ellas están resumidos buena parte de los objetivos que comparten las víctimas educadoras.

Unidades didácticas como las que citábamos anteriormente deben aportar conocimientos, informar sobre los hechos y sus causas, identificando sin ambages los fines y los métodos de los perpetradores. Al mismo tiempo, deben también educar en sentimientos como la empatía, dejando que sean las propias víctimas las que relaten su experiencia. Una vez los alumnos tienen interiorizados los contenidos básicos de la mano de las unidades didácticas, es cuando reciben la visita de una víctima educadora.

Ahora bien, hay un déficit de evaluación sobre la funcionalidad o la potencialidad de los testimonios en las aulas. Damos por hecho que son positivos, pero si analizásemos con más profundidad qué tipo de mensajes llegan mejor a los alumnos, qué perfiles son los más adecuados, si es que los hay, en qué grado se cumple el objetivo de la deslegitimación del terrorismo, entonces seríamos capaces de preparar materiales más eficaces.

La tesis doctoral de María Jiménez, profesora de la Universidad de Navarra, recoge un experimento interesante, uno de los pocos que existen a este respecto. Jiménez pidió a varios grupos de alumnos de las dos universidades navarras que rellenaran un cuestionario antes y después de ver testimonios de víctimas de ETA. La opinión "completamente negativa" hacia la banda creció del 58 al 72 por ciento. Los que creían "muy necesario" que el terrorismo fuera materia de estudio en los centros educativos subieron del 36 al 41 por ciento. Los que defendían "pasar página" bajaron del 24 al 11 y los que veían la necesidad de cultivar la memoria de las víctimas aumentaron del 55 al 72 por ciento. Los cambios son sustanciales tras haber escuchado lo que un herido en atentado, o una madre, un hermano o la hija de una persona asesinada tienen que decir sobre su experiencia personal.

VI. ¿QUÉ QUEDA POR HACER?

Yo diría que muchísimo. Sin perjuicio de que se sigan grabando nuevos testimonios, lo cierto es que ya hay muchos disponibles. En el Centro Memorial de las Víctimas del Terrorismo hemos creado un archivo recopilando entrevistas en todos los formatos posibles: audios de radio, audiovisuales de producción propia o cedidos por diferentes entidades, textos publicados en la prensa diaria o en revistas de diferentes asociaciones... En total hemos reunido más de mil. Es un trabajo que permanece abierto y que irá creciendo con nuevas actualizaciones. La mayoría son víctimas de ETA, pero también hay víctimas del yihadismo, de los GRAPO, de los GAL, etc., en definitiva, de todos los tipos de terrorismo.

En suma, no será por falta de documentación. Las entrevistas están ahí, dispuestas para ser utilizadas libre y gratuitamente con fines pedagógicos. Sin embargo, los testimonios no han sido aún sistemáticamente empleados en la educación. El plan piloto sobre "Memoria y prevención del terrorismo" consiguió llegar a 11.000 alumnos de centros públicos y privados de varias comunidades autónomas (Madrid, La Rioja, Extremadura, Castilla y León) en sus dos primeros cursos. Es un número considerable, sobre todo teniendo en cuanta que esos jóvenes nunca olvidarán el día en que una víctima se acercó a su centro para contar su historia, pero pequeño si lo vemos en relación con el sistema educativo en su conjunto. El reto es ampliar dicho proyecto educativo, llegar a más alumnos, llegar a todas las autonomías españolas, hacerlo también a aquellas en las que el peligro de la radicalización sigue presente. Y, sobre todo, es preciso desarrollar un plan para llegar a todos los centros mediante testimonios grabados, dado que es imposible hacerlo siempre de forma presencial.

Para terminar, y sin intención de transmitir un mensaje agónico, sí considero que el tiempo juega en cierto modo en nuestra contra. A los jóvenes afortunadamente no les ha tocado vivir con ETA o los GRAPO en activo, cuando las noticias de los atentados ocupaban las portadas prácticamente a diario. Ya no tienen una memoria directa de lo que fue el terrorismo y, por tanto, lo pueden ver con menor interés, como algo ajeno o lejano, pese a que en términos históricos ocurrió en nuestra misma época. Aún estamos a tiempo de paliar ese desconocimiento o ese desinterés, fomentando materiales rigurosos frente a los peligros que se derivan del olvido y también de la tergiversación.

Los derechos específicos de las víctimas del terrorismo en perspectiva comparada: de la invisibilidad al reconocimiento

AGATA SERRANÒ
Investigadora "Ramón y Cajal"
Departamento de Ciencia Política y Relaciones Internacionales
Universidad Autónoma de Madrid

SUMARIO: I. INTRODUCCIÓN. II. LA CONCEPCIÓN TRADICIONAL SOBRE EL TERRORISMO Y LA INVISIBILIDAD DE LAS VÍCTIMAS. III. LA ADOPCIÓN DE LA PERSPECTIVA ALTERNATIVA: LA DIMENSIÓN PÚBLICA DEL DAÑO CAUSADO POR EL TERRORISMO COMO FUNDAMENTO PARA SATISFACER LAS NECESIDADES ESPECÍFICAS DE LAS VÍCTIMAS. IV. LOS DERECHOS DE LAS VÍCTIMAS DEL TERRORISMO COMO DERECHOS SUBJETIVOS EXIGIBLES: ¿UN LARGO CAMINO AÚN POR RECORRER? V. CONCLUSIONES. VI. BIBLIOGRAFÍA

I. INTRODUCCIÓN

La autora, con esta ponencia, ha presentado un extracto de los resultados de su libro *"Las víctimas del terrorismo: de la invisibilidad a los derechos"*[1], el cual tiene por objeto explorar y analizar el camino que las víctimas del terrorismo han recorrido desde su condición de *invisibilidad* hasta nuestro tiempo en España, Reino Unido e Italia desde los años sesenta hasta la actualidad.

El objetivo de la ponencia es resaltar que el momento actual exige dar un paso más hacia un nivel de mayor protección a las víctimas de la violencia terrorista. A la altura del siglo XXI, en el tiempo de los derechos —tal como lo calificó Norberto Bobbio[2]— no se pueden obviar ciertas necesidades de un grupo de personas en situación vulnerable como las víctimas del terrorismo. Satisfacer sus demandas invita al legislador a reconocer

---

1 Serranò A., *Las víctimas del terrorismo: de la invisibilidad a los derechos*, Aranzadi, Cizur Menor, 2018.

2 Bobbio N., *El tiempo de los derechos*, traducción de Rafael de Asís Roig, Editorial Sistema, 1991.

derechos específicos a su favor, lo que la autora reivindica durante toda la ponencia. Reconocer derechos específicos a estas personas es un paso importante con el que contribuir a pagar la deuda moral que todos, como sociedad civil, tenemos con las víctimas del terrorismo.

El libro presentado durante la ponencia es el resultado de un *extenso trabajo empírico,* consistente en el análisis de 84 entrevistas cualitativas a víctimas del terrorismo en España, Reino Unido e Italia. Tales entrevistas fueron llevadas a cabo por la autora, gracias a la colaboración de numerosas asociaciones y fundaciones de víctimas del terrorismo en los tres países mencionados.

II. LA CONCEPCIÓN TRADICIONAL SOBRE EL TERRORISMO Y LA INVISIBILIDAD DE LAS VÍCTIMAS

Desde el análisis de los testimonios de las víctimas se deduce que el problema del terrorismo (y de sus víctimas) se ha abordado según dos grandes concepciones que se pueden constatar en el ámbito de las Democracias occidentales durante el siglo XX y XXI: la perspectiva *tradicional o estándar y* la perspectiva *alternativa*[3].

La concepción *tradicional* (que ha predominado en nuestras Democracias contemporáneas hasta el punto de convertirse en la visión *estándar* del análisis del terrorismo), se basa en la convicción de que en el problema del terrorismo están implicados exclusivamente dos actores: el Estado y los terroristas. En esta concepción no tiene cabida la sociedad civil y las víctimas del terrorismo como parte del problema. En oposición a la visión *tradicional* o *estándar,* la concepción *alternativa,* que se empezó a difundir a partir de los años ochenta de siglo XX, en cambio, incluye a la sociedad civil y las víctimas entre los actores relevantes del problema del terrorismo.

Es así que el predominio de la concepción *tradicional o estándar* en España, Reino Unido e Italia ha llevado a las víctimas a padecer una situación de invisibilidad inmerecida hasta las últimas décadas del siglo XX, situación que la autora ha definido como "*la invisibilidad de las víctimas del terrorismo*". Solo a partir de las últimas décadas del siglo XX, gracias al impulso de las mismas víctimas, se ha abierto camino *la perspectiva alternativa,* gracias a la

---

3 Serranò A., "La lucha social contra el terrorismo: testimonios de algunas víctimas de ETA", *Eguzkilore. Cuaderno del Instituto Vasco de Criminología,* n.º 26, 2012, pp. 253-279.

cual tanto la sociedad como el legislador han empezado a rectificar para con las víctimas del terrorismo.

Dicha invisibilidad que han padecido las víctimas del terrorismo en el Estado de Derecho hasta las últimas décadas del siglo XX, ha sido categorizada por la autora en tres palabras: *neutralización* (por los terroristas), *indiferencia* (por la sociedad civil) y *ausencia* (en la legislación, como protección específica). Por una parte, el terrorista ha intentado "neutralizar" a las víctimas no solo quitándoles la vida mediante la acción terrorista sino también buscando *apoyo* y *justificación* en la sociedad civil mediante la difusión de un discurso de legitimación de la violencia. Este discurso esencialmente ha presentado al adversario (el Estado democrático y la sociedad civil) como el responsable de un conflicto en el cual los terroristas se han descrito como *víctimas.* Mediante la idea de que "todos son víctimas de la violencia y/o del conflicto" los terroristas y sus seguidores se han equiparado a sí mismos con las víctimas que han causado[4]. Con esta equiparación el grupo terrorista y sus seguidores han "neutralizado", "negado" y "anulado" la condición de víctima del terrorismo, su valor público, moral e histórico (*invisibilidad moral*), intentado hacer "invisible" el daño causado y las injusticias cometidas para conseguir impunidad moral, política e histórica[5]. La difusión y el arraigo en la sociedad de este discurso de legitimación de la violencia han podido reforzar, en buena medida, la visión *tradicional* o *estándar* con la que se ha abordado prevalentemente el problema del terrorismo hasta finales del siglo XX. De hecho, esta narrativa, neutralizando y haciendo invisibles a las víctimas, ha promovido la visión de que el terrorismo es el resultado de un conflicto entre el Estado y el grupo armado.

Por otra parte, el resto de la sociedad, aunque no haya justificado plenamente a los asesinatos, a menudo por la presión que el terrorismo ha ejercido sobre ella, no se ha atrevido por décadas a vencer el miedo y la "*omertà*"[6]

---

4 Alonso, M., *La razón desposeída de la víctima. La violencia en el País Vasco al hilo de Jean Améry*, Bakeaz, Bilbao, 2009, p. 12.

5 Mate, R. M., *Justicia de las víctimas, terrorismo, memoria, reconciliación*, Anthropos, Barcelona, 2008.

6 La *omertà* (que se podría traducir en castellano como "silencio encubridor") es una actitud social y cultural profundamente arraigada en la sociedad italiana, especialmente en las regiones del Sur, que se asume ante la evidencia del crimen mafioso, no revelando a terceros las posibles informaciones que se poseen sobre los autores y las circunstancias de los hechos delictivos llevados a cabo, o bien por temor por su propia vida ante la coacción e intimidación de los clanes mafiosos o bien por complicidad y connivencia con ellos.

para condenarlos. Permaneciendo "espectadora indiferente"[7] ante el terrorismo y sus víctimas, la sociedad civil ha estado atrapada en una "espiral del silencio"[8], relegando tales sujetos a una inmerecida *invisibilidad social.*

Por último, ante la escalada de violencia terrorista sin precedentes vivida en los así llamados "años de plomo" por España, el Reino Unido e Italia, el legislador, abordando el problema del terrorismo desde una concepción *tradicional o estándar,* ha centrado sobre todo hasta los años ochenta del siglo XX en prevenir y sancionar la violencia terrorista. La urgencia en tener que dar una respuesta disuasoria y sancionatoria a los actos terroristas ha llevado lamentablemente a postergar la protección de la víctima del terrorismo y de sus derechos, relegando a este sujeto vulnerable a una inmerecida *invisibilidad legal.* Sólo a partir de los años noventa del siglo XX, gracias al impulso de las mismas víctimas, se asiste a una progresiva rectificación moral y social de la sociedad para con las víctimas del terrorismo y a una creciente rectificación legal del legislador. Las víctimas empiezan a ser visibles y presentes, en definitiva, un actor relevante en el problema del terrorismo (adopción de la *perspectiva alternativa*).

A través de los testimonios de las víctimas en los tres escenarios de la investigación se ha podido constatar que, la invisibilidad moral, social y legal padecida por las víctimas del terrorismo ha tenido y sigue teniendo un efecto pernicioso sobre ellas: su re-*victimización*[9]. Las víctimas del terrorismo sufren una "re-victimización" cada vez que, después de haber sufrido el daño y la vulneración de sus derechos a causa de la acción terrorista, vuelven a ser: 1) humilladas, culpabilizadas o neutralizadas por parte del terrorista y de su entorno político (*invisibilidad moral*); 2) marginadas, abandonadas, tratadas con indiferencia por el resto de la sociedad civil (*invisibilidad social*); 3) desatendidas y desprotegida por los poderes públicos (*invisibilidad legal*).

De acuerdo con lo antedicho, en primer lugar, las víctimas padecen "re-victimizaciones" cuando el terrorista y su entorno político, estancados en la cultura del odio, las denigran, las ofenden y las hacen invisibles públicamente para obtener impunidad moral, política, legal e histórica por

---

7 Arteta A., *Mal consentido, la complicidad del espectador indiferente,* Alianza Editorial, Madrid, 2010.

8 Noelle-Neumann E., *La espiral del silencio, nuestra piel social,* Paidós, Madrid, 2003.

9 Echeburúa E., Guerrica C., "Especial consideración de algunos ámbitos de victimización" en Baca, E., Echeburúa, E. y Tamarit, J. (Eds.), *Manual de victimología,* Tirant lo Blanch, Valencia, 2006, p. 198 y ss.

los delitos cometidos y/o justificados. En segundo lugar, ellas sufrirán "re-victimizaciones" también cuando el resto de la sociedad, aun cuando no justifique de un modo expreso dichos crímenes no se atreve a vencer el miedo para condenarlos, prefiriendo "mirar para otro lado"[10]. En tercer lugar, las víctimas del terrorismo padecerán "re-victimización" cuando el Estado de Derecho no les garantiza una protección adecuada para satisfacer sus necesidades y/o no elimina todos los obstáculos de carácter social, político, administrativo y legal para que estas necesidades sean satisfechas. Para evitar tales re-victimizaciones sería oportuno fomentar la deslegitimación de la violencia terrorista, la concienciación de la sociedad ante la gravedad del terrorismo y de sus consecuencias sobre las víctimas, una cultura de protección de la víctima del terrorismo a nivel institucional y público.

III. LA ADOPCIÓN DE LA PERSPECTIVA ALTERNATIVA: LA DIMENSIÓN PÚBLICA DEL DAÑO CAUSADO POR EL TERRORISMO COMO FUNDAMENTO PARA SATISFACER LAS NECESIDADES ESPECÍFICAS DE LAS VÍCTIMAS

La segunda parte de la ponencia se ha centrado en demostrar que, gracias a los testimonios analizados, por una parte, las víctimas del terrorismo manifiestan necesidades que pueden ser comunes a todas las víctimas de los delitos violentos, tal como el primer auxilio, la atención médica y psicológica, la indemnización económica, la reparación de daños materiales, etc. Tales necesidades muy importantes para las víctimas del terrorismo han sido satisfechas por el legislador en España, Reino Unido e Italia, en mayor o menor medida según el caso tomado en consideración. Sin embargo, por otra, además de estas necesidades que están relacionadas con la *dimensión privada del daño* provocado por el delito, las víctimas del terrorismo manifiestan otras necesidades. Estas últimas necesidades están relacionadas con la *dimensión pública del daño que el terrorismo les ha provocado.* Esto es debido a que el terrorismo además de ser cometido contra individuos es un delito que tiene el fin político de destruir el orden público de los Estados, alterar la paz e imponer un proyecto totalitario en detrimento de los valores democráticos y de las libertades fundamentales. Siendo un delito cometido con el fin de destruir la *res publica,* también el daño que éste genera en las víctimas tiene una dimensión pública (*dimensión pública del*

---

10 Arteta A., *op. cit,* Alianza Editorial, Madrid, 2010.

delito/dimensión pública del daño causado/macro-victimización de la sociedad)[11]. La dimensión pública del daño provocado por el terrorismo genera "necesidades específicas" en sus víctimas que no son comunes a otras víctimas del delito en general. Las necesidades específicas de las víctimas del terrorismo son necesidades *objetivas*, en primer lugar, desde el punto de vista de los colectivos de miles de personas afectados por los delitos de terrorismo en España, Reino Unido e Italia, los escenarios que contempla esta investigación. En segundo lugar, tales necesidades son algo *objetivo* de constatar en la perspectiva de conjunto de la sociedad civil, a partir de la cual se produjo la *rectificación* social y moral sobre la *invisibilidad* en la que se encontraban las víctimas. En tercer lugar, se puede comprobar que se trata de necesidades *objetivas* porque en caso de no ser atendidas y *satisfechas* mediante algún tipo de tutela especifica por el Estado de Derecho, provocarían en la víctima una "re-victimización".

Dentro de las necesidades *específicas* y *objetivas* de las víctimas ligadas a la dimensión pública del daño causado por el terrorismo la autora ha constatado empíricamente *cinco* principales necesidades específicas de las víctimas del terrorismo: el *reconocimiento público para su condición*, la *verdad*, la *memoria*, la *justicia* y el respeto a la *dignidad*.

El reconocimiento de las víctimas del terrorismo, entre otras cosas, significa valorar la esencia de su condición, comprender la naturaleza, las dimensiones y las consecuencias del daño padecido, hacerlas visibles, y restaurar, en buena medida, la *dignidad violada (dimensión privada de la necesidad de reconocimiento público)*. Asimismo, reconocerlas significa respetar los valores por los que sus vidas fueron sacrificadas y/o heridas inmerecidamente: los valores democráticos y constitucionales del Estado de Derecho *(dimensión pública de la necesidad de reconocimiento público)*.

La necesidad de *conocer la verdad sobre lo ocurrido* se articula en la importancia de obtener una verdad judicial plena, sin obstáculos interpuestos, que permita llegar a identificar a los responsables (autores materiales e inductores). La falta de verdad crea una pérdida de confianza absoluta en el Estado de Derecho (*dimensión pública de la necesidad de verdad*) y un enorme vacío en la construcción de una *verdad histórica* que pueda ser recordada por las gene-

---

11 Véase Beristain A., *Protagonismo de las víctimas de hoy y mañana, evolución en el campo jurídico, penal, prisional y ético*, Tirant lo Blanch, Valencia, 2004, p. 33 y ss. Beristain A., *Víctimas del terrorismo, nueva justicia, sanción y ética*, Tirant Lo Blanch, Valencia, 2007, pp. 164 y ss. y asimismo, Beristain A., *La dignidad de las macrovíctimas transforma la justicia y la convivencia (in tenebris, lux)*, Dykinson, 2010.

raciones futuras (*memoria histórica*). La *verdad sobre lo ocurrido* es reparadora y catártica para los supervivientes y/o los familiares de los asesinatos ya que contribuye, en buena medida, a que puedan aceptar lo acaecido y/o la pérdida del familiar fallecido, a "curar las heridas" que el evento traumático les ha causado y, en los casos de asesinato, a cerrar el duelo. Satisfacer la necesidad de la *verdad* contribuiría a restaurar, en parte, la dignidad de las personas asesinadas reconociendo su inocencia ante la responsabilidad penal, moral, política, histórica de sus verdugos (*dimensión privada de la necesidad de verdad*). A nivel social, satisfacer la necesidad de la *verdad* consentiría que las manipulaciones de lo ocurrido se desmientan y no se acepten como verdad oficial para las futuras generaciones (*dimensión pública de la necesidad de verdad*).

La *memoria cívica* a favor de las víctimas del terrorismo constituye un legado importantísimo para las nuevas generaciones que tiene el fin pedagógico de concienciarles sobre las consecuencias traumáticas de la violencia para que no vuelvan a cometer los mismos errores de las generaciones pasadas. La memoria de lo ocurrido es posible solo a través del conocimiento de los hechos (*verdad*). A la *necesidad* de los familiares de recordarlas (*memoria privada de las víctimas del terrorismo*) corresponde el *deber moral* de todos los ciudadanos de preservar su *memoria* a fin de que el sacrificio de sus vidas no haya ocurrido en vano. Siendo las víctimas del terrorismo *símbolos* de la Democracia, *referentes morales* para la sociedad civil que forman parte de la Historia, un *ejemplo cívico* para todos los ciudadanos, recordándolas se hace memoria de las libertades fundamentales y de los valores democráticos y constitucionales (*memoria pública de las víctimas del terrorismo*). Recordar que las víctimas del terrorismo fueron asesinadas con las intenciones políticas de socavar las libertades fundamentales de todos los ciudadanos o de destruir los derechos humanos de algunos, es hacer "memoria de las injusticias"[12]. El olvido de lo ocurrido volvería a hacer invisibles a los heridos, a las víctimas asesinadas y a sus familiares como si nada hubiera ocurrido, anulando la responsabilidad moral, política e histórica de las injusticias cometidas. La *memoria* de las víctimas, en cambio, permite dar un nombre a las víctimas heridas y/o asesinadas y así dignificarlas, reconociendo plenamente tanto su dimensión individual como su valor público, a fin de que su humanidad permanezca siempre viva (*dimensión privada de la necesidad de memoria*).

Permitir la impunidad penal, moral, política, histórica de los responsables de delitos terroristas constituye una "re-victimización" continuada

---

12 Así en Mate R., *Justicia de las víctimas, terrorismo, memoria, reconciliación*, Anthropos, Madrid 2008, pp. 67-87.

para las víctimas, que se quedan psicológicamente estancadas en el momento del atentado, no logrando recuperarse y reconstruir su vida. Habiendo confiado en Ley y al no obtener *justicia* por la vulneración de sus derechos, se sienten traicionadas, abandonadas, olvidadas por el Estado de Derecho. Sin embargo, si por una parte la impunidad crea situaciones de "re-victimización", por otra, la obtención de la *justicia* constituye, en buena medida, una *reparación* del daño sufrido y una restauración de su dignidad. Es más, la justicia no solo es un elemento reparador para la víctima (*dimensión privada de la necesidad de justicia*), sino un bien de todos los ciudadanos imprescindible para consolidar la Democracia y para alcanzar la paz (*dimensión pública de la necesidad de justicia*).

Numerosas víctimas identifican la *justicia* con el cumplimiento íntegro de la pena por parte de los condenados. En los relatos de tales entrevistados la *justicia retributiva* aparece como una *necesidad imperativa e innegociable,* puesto que por haber arrebatado la vida y/o la integridad física de personas humanas no se admiten "contraprestaciones" a favor de los terroristas. Por tanto, para muchos entrevistados la *justicia* es una necesidad que nunca podrá ser sustituida por el perdón puesto que la primera pertenece al ámbito público mientras el segundo pertenece al ámbito privado.

En conclusión, las cinco necesidades específicas y objetivas configuradas no son sólo necesidades de las víctimas del terrorismo (*dimensión privada de las necesidades de las víctimas del terrorismo*) sino también *responsabilidades morales y colectivas* de toda la sociedad (*dimensión pública de las necesidades de las víctimas del terrorismo*).

El *reconocimiento* público para la condición de víctima, la verdad, la memoria y la justicia son necesidades que están todas interconectadas indisolublemente entre ellas. Al mismo tiempo, cada una de ellas conforma la "necesidad madre" que las une a todas: la necesidad del *respeto a la dignidad de las víctimas del terrorismo.*

IV. LOS DERECHOS DE LAS VÍCTIMAS DEL TERRORISMO COMO DERECHOS SUBJETIVOS EXIGIBLES: ¿UN LARGO CAMINO AÚN POR RECORRER?

En último lugar, la autora durante la ponencia se ha puesto la siguiente pregunta: ¿Han sido satisfechas las necesidades específicas antes mencionadas por el legislador en los tres países? La autora ha contestado a esta pregunta clasificando la protección del Estado de Derecho proporcionada a las víctimas del terrorismo en tres distintos niveles: nivel mínimo, nivel medio, nivel máximo.

En el *nivel mínimo* de protección se garantiza a las víctimas del terrorismo la misma tutela que el Estado de Derecho proporciona a todas las víctimas del delito en general. Este nivel de protección de las víctimas del terrorismo no tiene en cuenta la *dimensión pública* del daño causado por el delito terrorista. Por tanto, las necesidades específicas de las víctimas del terrorismo en este nivel mínimo de protección se niegan o, si se tienen en cuenta, no lo es de modo significativo. Asimismo, este nivel de protección mínimo de los derechos de las víctimas se correspondería con la visión del problema del terrorismo *tradicional* o *estándar,* puesto que afronta el problema del terrorismo atribuyendo una sanción penal al sujeto que ha cometido un acto terrorista, pero sin considerar a las víctimas como destinatarias de una tutela específica.

En el *nivel medio* de protección, el Estado de Derecho proporciona a las víctimas del terrorismo un nivel de asistencia superior al que le asigna a las víctimas del delito en general. A las víctimas del terrorismo se reconocen ventajas específicas puesto que el legislador considera que el problema de terrorismo no solo incumbe al Estado (además de al terrorista) sino que sus víctimas han de tener una consideración especial en las sociedades democráticas *(visión alternativa).* En este nivel de protección el legislador sí tiene en cuenta la dimensión pública del daño ocasionado por el delito de terrorismo y reconoce las necesidades específicas de las víctimas —tales como las de “reconocimiento”, “verdad”, “memoria”, “justicia” y “dignidad” —como *principios* o *valores* esenciales de la sociedad democrática, que hay que fomentar y respetar. La diferencia con el anterior nivel de protección es cuantitativa y cualitativa: se pasa de la *invisibilidad a la visibilidad legal de la condición de víctima del terrorismo.*

En el *nivel máximo de protección* el Estado de Derecho proporciona a las víctimas del terrorismo un nivel de asistencia muy alto a través de la categoría de los “derechos subjetivos”. En contraste con los anteriores niveles, en este grado de protección a las víctimas del terrorismo se da un paso más con respecto a las “necesidades específicas” relativas a la dimensión pública de la condición de las víctimas del terrorismo —tales como las de “reconocimiento”, “verdad”, “memoria”, “justicia” y “dignidad”—. Éstas no solo se tienen en cuenta como *principios* o *valores* esenciales de la sociedad democrática —que por supuesto habría que fomentar y respetar— sino que se opta por configurarlas como “bienes jurídicos” a proteger por el Estado de Derecho a través de la categoría de los derechos subjetivos. Por tanto, éste es el punto de partida para configurar derechos específicos para las víctimas del terrorismo.

Para contestar entonces a la pregunta arriba planteada, en la praxis, el nivel máximo de protección a las víctimas del terrorismo teorizado en la conclusión anterior no se ha alcanzado completamente en ninguno de los tres escenarios de esta investigación: España, Reino Unido e Italia. Examinados los instrumentos normativos en materia de protección a las víctimas del terrorismo en los tres escenarios objeto de estudio de la investigación presentada, situaríamos en la actualidad la protección otorgada a las víctimas del terrorismo en el Reino Unido (Irlanda del Norte) en el *nivel mínimo* puesto que el legislador de facto no diferencia entre terrorista y víctima del terrorismo, destinando los beneficios previstos por la legislación actual a la categoría de "las víctimas del conflicto" en la que se incluyen ambas figuras.

La protección otorgada a las víctimas del terrorismo en Italia se situaría entre el *nivel mínimo* y el *nivel medio* puesto que, aunque legislación italiana reconoce parcialmente la dimensión pública de la condición de víctima del terrorismo, al día de hoy numerosas disposiciones normativas quedan inefectivas.

La protección otorgada por España gracias a la legislación actual se situaría entre el *nivel medio* y el inicio del *nivel máximo*, dado que se ha otorgado reconocimiento público a la condición de víctima y en cierta medida se han recogido necesidades específicas de estas personas.

V. CONCLUSIONES

Puesto que en la práctica este nivel máximo no se ha alcanzado completamente en ningún escenario estudiado, la ponencia propone fundamentar la tutela de los derechos específicos en un "argumento de igualdad": la *igualdad como diferenciación*. La diferenciación jurídica, en nuestro caso, se llevaría a cabo a través de la formulación técnica (técnico-jurídica) de un conjunto de *derechos específicos* a favor de las personas que han sufrido la violencia terrorista. Estando en una situación de vulnerabilidad, de no ser atendida la *dimensión pública* del daño causado por la violencia terrorista las víctimas están expuestas a la "re-victimización" reiterada. El reconocimiento de derechos específicos a las víctimas del terrorismo con los que poder tutelar sus necesidades específicas derivadas de la dimensión pública del daño sufrido por la violencia terrorista eleva la *calidad democrática* y contribuye a aliviar las "heridas tanto privadas como sociales que el terrorismo ha causado.

El reconocimiento de los derechos específicos a las víctimas del terrorismo es la posición en la que se sitúa esta ponencia y su autora. Con esta ponencia quiero reivindicar académica, doctrinal y legislativamente, que ha llegado el momento de dar el paso hacia un nivel máximo de protección para las personas que se han visto afectadas por la violencia terrorista. Las víctimas nos lo exigen y desde la sociedad se lo debemos. Y, por supuesto, el ámbito de la Universidad debe contribuir a pagar esa deuda.

VI. BIBLIOGRAFÍA

ALONSO, M., *La razón desposeída de la víctima. La violencia en el País Vasco al hilo de Jean Améry*, Bakeaz, Bilbao, 2009.

ARTETA A., *Mal consentido, la complicidad del espectador indiferente*, Alianza Editorial, Madrid, 2010.

BOBBIO N., *El tiempo de los derechos*, traducción de Rafael de Asís Roig, Editorial Sistema, 1991.

BERISTAIN A., *Protagonismo de las víctimas de hoy y mañana, evolución en el campo jurídico, penal, prisional y ético*, Tirant lo Blanch, Valencia, 2004.

BERISTAIN A., *Víctimas del terrorismo, nueva justicia, sanción y ética*, Tirant Lo Blanch, Valencia, 2007.

BERISTAIN A., *La dignidad de las macrovíctimas transforma la justicia y la convivencia (in tenebris, lux)*, Dykinson, 2010.

ECHEBURÚA E., GUERRICA C., "Especial consideración de algunos ámbitos de victimización" en Baca, E., Echeburúa, E. y Tamarit, J. (Eds.), *Manual de victimología*, Tirant lo Blanch, Valencia, 2006.

MATE, R. M., *Justicia de las víctimas, terrorismo, memoria, reconciliación*, Anthropos, Barcelona, 2008.

NOELLE-NEUMANN E., *La espiral del silencio, nuestra piel social*, Paidós, Madrid, 2003.

SERRANÒ A., "La lucha social contra el terrorismo: testimonios de algunas víctimas de ETA", *Eguzkilore. Cuaderno del Instituto Vasco de Criminología*, n.º 26, 2012, pp. 253-279.

SERRANÒ A., *Las víctimas del terrorismo: de la invisibilidad a los derechos*, Aranzadi, Cizur Menor, 2018.